U0070770

專業人資，不做違法解僱

勞動智庫×靜海法律事務所
曾翔 律師／著

作者序 Author

　　究竟是否要為人資工作者寫一本專門討論「解僱」的書籍，其實在我心中掙扎過很長的一段時間，畢竟「解僱」這個主題實在是非常的敏感，總是會擔心有人把我貼上「萬惡的資方打手」之類的標籤。

　　但從念碩士班時開始投入協助處理勞資爭議，到出社會第一份工作擔任人資，再到今天成為律師獨立執業，一路過來發現許多勞資爭議的發生確實是因為雇主和人資工作者不諳法律所致。筆者轉念一想，與其擔心以解僱為主題寫書會被人抨擊而一味地避諱，讓資方在錯誤的認知下不斷地做出違法解僱，還不如教導他們正確地認識解僱這件事，以合法的方式來處理解僱問題。因此筆者才下定決心動筆，而有這本書的誕生。

　　筆者得要鄭重強調，這本書的目的不是教導人資工作者怎麼解僱勞工，請千萬不要以為讀完這本書可以學到許多解僱勞工的招式，如

果讀者是抱持著這種想法而打開這本書，那麼這本書真的不適合您，可以把書放回架上了。

這本書從頭到尾都是希望人資「不要隨便解僱勞工」，這也是臺灣的法制架構所想要達成的目的。

依循著這個精神，本書將盡可能地以淺顯的方式告訴讀者我國的法制是如何檢視解僱究竟是合法或是違法的，筆者將會嘗試建構一個可操作的具體架構給不具法律背景知識的人資工作者，讓人資工作者在遭遇解僱問題時能夠有個方向來加以思考和檢驗。

也因為筆者是先作為一個人資（儘管時間很短）後來才自學考上律師的，所以書中的內容不只是談法律的規定，也會談到一些在企業內進行管理需要注意的地方。

筆者不敢說讀完這本書就能保證解僱百分之百不會違法，畢竟一個個案中要考量到的問題真的非常地多，不是單單靠一本書就能完全處理完的。但筆者相信，只要能抱持著「不要隨便解僱勞工」的基本意識，並照著本書提供的架構來思考檢驗個案，絕對能夠大幅降低違法解僱的風險。

雖然這本書的目標讀者設定為人資工作者，但一般的勞工朋友也可以透過本書提供的架構來評估自己遭遇到的狀況。

最後，希望這本書的內容可以帶給讀者一些新的思維，如果能夠因為這本書而減少幾個違法解僱的案件，那筆者的目的就達成了！

曾翔 律師

2020.02.27寫於嘉義家中

目錄CONTENTS

第一章

面對解僱議題的心態

　　在本書的一開始，筆者先不談法律上的問題，而是聊聊心態方面的問題。筆者總是覺得如果心態不變，那麼再怎麼了解法律上如何操作都是沒有意義的。就如同大家都知道不能闖紅燈，但是總是會在夜深人靜的時候趁著四下無人偷偷闖過去，偏偏意外就是會在這種時候發生。

　　勞動法令的遵循也是一樣的，明明知道依法不能亂解僱勞工，但是每次為了貪圖方便、受迫於上級壓力，或者是賭勞工不敢反抗而違法解僱勞工，事後被法院判決解僱無效時，就不要抱怨法律規定的太嚴格或是上級把責任甩鍋給人資承擔。

　　筆者認為這一切的根本原因都是源自於不重視專業，因此，我們先從人資的專業價值開始談起。

1. 人資，請正視自己的專業與價值

專業到底是甚麼？

以筆者粗淺的想法，專業無非就是能做到其他人無法做到的事情，解決他人無法處理的問題。如果一件事情很容易解決，誰都可以做得到，那就不會有專業可言。而沒有專業就沒有價值，也就無法在市場上取得應有的報酬。

那麼，做為一個人力資源工作者，我們的專業與價值又在哪裡呢？企業中的其他單位又是怎麼看待人資工作者的專業與價值呢？

我想很多人其實都是看輕、貶低人力資源工作的專業和價值的吧？

在臺灣，許多企業並未真正重視人力資源，嘴巴上會說以人為本，把員工當資產，但在企業組織規劃和設計上多半還是把人資部門當成成本單位。凡事仍以業務單位的需求為主的心態下，人資不過只是人事行政而非具備策略功能的單位，這種不利的環境是在臺灣擔任人資工作者普遍要面對的現實。

長期運作下來，人資工作者時常不被信任，淪為讓業務單位使喚的小弟小妹，而非對等、相互合作地夥伴。

但是會產生這樣的現象，或許不只是源自於管理思維的陳舊或是對於人資部門的刻板印象，有許多人資工作者也是把自己當成成本單位來貶低自己的價值。

當業務單位提出某些要求的時候，人資工作者明明知道這會違背公司的準則或是法律規定，但卻仍然受迫於壓力捨棄了自己的專業能力與判斷，乖乖聽命行事。偶一為之就算了，但是，一旦讓上級或其他單位食髓知味，就會讓人資工作落入一種惡性循環，久而久之就會讓自己越做越辛苦，越做越沒成就感。

追根究柢，這都源自於許多人資工作者並沒有肯定自己的專業與價值。我想，不分任何職業，每個人都要在職場上先確立並堅守自己的專業，才能在工作上取得真正的成就，人資工作者也是如此。

人資工作者必需重視自己的職能的價值並且尊重自己的專業。不管是傳統的「選、訓、用、留」，績效管理、薪酬管理，或是近年越來越重要的員工關係管理、法令遵循，乃至更為宏觀的策略性人力資源管理，人資工作者是作為企業人力資源的統籌規劃者，是企業內其他部門的策略夥伴，而不是只會聽命辦事的小弟小妹。

我們需要對自己的專業有信心，才有辦法在業務範圍內的內容堅守一定立場。人資工作者如果凡事只以業務單位馬首是瞻，輕視自身的專業能力，就等於告訴其他單位自己不是不可替代的，不但在工作上會越來越辛

苦，最終也會影響自己能獲取的薪資報酬。

　　當人資工作者在自身的業務職掌範圍內遭遇到其他部門的壓力時，如何在自己的專業上與其他部門合作協調，是所有人資工作者的修行，但這都建立在重視自己作為人資工作者的專業價值這個大前提之上。

2. 解僱是一門專業

在人資工作的各個項目中，筆者個人覺得員工關係管理和法令遵循的重要性可說是越來越高了。

下圖是臺灣歷年勞資爭議的數量變化，在金融海嘯時一度達到三萬件以上的高峰。而在近幾年勞資爭議的數量明顯越來越多，隨時都有可能突破金融海嘯時的高點。筆者個人認為這與近年來勞動權益意識逐漸抬頭有關，也使得「懂得勞動法令」與「懂得如何處理勞資爭議」逐漸成為人資工作者的基本職能。

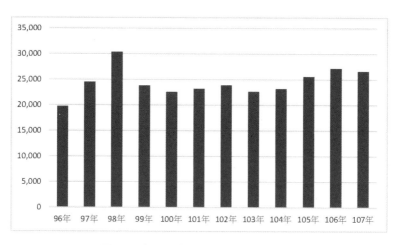

圖一‧臺灣歷年勞資爭議數量變化

　　當勞工越來越重視法律上的權益時，管理者絕對不可能再期待可以用過往那種以人情、人際關係來維繫員工關係的管理模式，而必需更加重視勞動法令的遵循。縱然有許多雇主或人資對於這樣的轉變多所抱怨，但這就是未來企業經營所必需要去面對的現實。

　　勞動法律遵循涉及很多議題，筆者個人覺得一個人資工作者至少要對「就業歧視」、「工資」、「工時」、「職業災害」、「員工申訴」和「解僱」這幾個項目的法律問題有基本的認識，本書就是與讀者分享「解僱」會產生的各種法律問題。

　　「解僱」真的是一件很麻煩的事情，「解僱」不會一天到晚發生，但發生的時候會非常棘手。不管是從財務方面或是法律方面，解僱隱藏的成本和風險是非常非常高的。

　　在臺灣，解僱受限於法律，並不是雇主愛怎麼做就可以怎麼做的。一旦沒有處理好解僱的問題，隨之而來的就是勞工向主管機關申訴檢舉、無止盡的勞動檢查，雙方還得進行勞資爭議調解甚至打官司，光是用想的就令人資工作者頭痛。

　　而且即便撇開法律方面的問題，光是在心態上就很少有人會願意站出來當黑臉去承受被解僱的勞工的情緒，但偏偏這就是作為人資工作者不得不去面對的工作任務。

　　但就是因為「解僱」是那麼麻煩而且高難度的事情，會處理這個問題才能被稱之為專業。如何在合法、圓滿的狀態下解決「解僱」產生的諸多問題，需要人資與法務的法律知識、公司的制度設計，還有溝通協商技巧等等的互相配合，絕對不是耍耍嘴皮子就能處理的事情。

　　因此，能夠妥善地處理「解僱」這件事情，絕對足以稱作是人資的一項專業，筆者也希望讀者體認這一點，盡力學習暸解「解僱」相關的法律問題。

3. 雖然很痛苦，但有些人就是得要離開

「娜塔莉，你認為我們為何而來？」

「我們幫剛失業的勞工克服情緒和心理障礙，再去找新工作，同時讓雇主免除法律責任。」

「我們是這樣推銷的，但這不是我們做的事。」

「好，那我們要做什麼？」

「我們是來讓地獄邊緣好過些，載著那些受傷的靈魂度過恐懼之河。等他們覺得隱約看到希望，我們就停下船，推他們下水，要他們自己游過去。」

——電影《型男飛行日誌》

　　應該有許多人看過喬治‧克隆尼主演的《型男飛行日誌》（Up in the Air）吧？電影中，喬治‧克隆尼飾演的萊恩‧賓漢（Ryan Bingham）是個解僱專家，一年三百六十五天有三百多天都在出差、協助不同企業解決解僱員工的問題。面對被解僱的員工的各式各樣的反應，憤怒、氣急敗壞、惶恐無助，萊恩總是能夠冷靜、面帶微笑地用他的專業、話術一一搞定，然而這樣的專業表現反而讓他帶領的菜鳥同事娜塔莉（Natalie Keener，安娜‧坎卓克飾演）相當不適應。

　　現實中的解僱也許不像電影中那麼戲劇性，不過在面對被解僱的勞工時，作為人資工作者的我們，大概都會希望自己也能像萊恩那樣從容地面對，但多數的時候我們真實的反應多半會像菜鳥娜塔莉一樣，對於要解僱勞工這件事情感覺有些慌亂，有些抗拒。

　　沒有人會喜歡告訴勞工「你被解僱了」，不可能會有人喜歡做這種事情，但這卻是人資工作者的工作項目之一。

　　人資實際上也是受僱於人、領薪水的勞工，我們也都清楚失業會對一個人產生多麼嚴重的影響。他的生活、他的家人、家中的柴米油鹽醬醋茶、房貸、小孩的學費，一切的支出都源自於這份工作的收入。

　　因此要讓同樣作為受僱者的人資去當劊子手告訴勞工「你已經被判死刑了」，其實也是件很殘忍的事情。筆者以前在當人資的時候也花了很久的時間才能接受這種事情。

　　但在經歷過那麼多的案件之後，筆者自己體認到解僱這件事情很多時候是無法避免的。

　　有些狀況是公司經營上的因素真的不得不解僱勞工，又或者是勞工真的做不來。那麼早點認清現實、好聚好散，當下也許痛苦，但長遠來看對勞資雙方未必是負面的事情。

　　而在更極端的狀況下，有些人還真的一定得要離開公司，否則對於其他的勞工將會產生更大的傷害。筆者就曾經遇過許多違法亂紀且不知悔改的勞工，如果不把他們趕出公司，真的會覺得對不起其他奉公守法、勤奮負責的同事。

　　所以，既然解僱會對勞工的生活產生很大的影響，又在許多時候是無可避免的，那麼我們做為人資工作者就應該認真面對它，把它做好。對於每個解僱案件審慎評估，嚴格把關，確保解僱的合法是人資工作者的職責所在，筆者認為這樣的積極態度才是面對解僱問題的正確心態，也是我們的專業價值。

　　若經過評估，真的確定解僱合法而且必要，那麼就與勞工一起面對這個問題，不用覺得心理上過意不去，因為身為人資的你已經盡了本分、做了該做的事情；相對地，如果在個案中認為解僱有違法疑慮，也請讀者務必本於專業，在企業組織內部表達出不同的意見。

4. 「不為解僱而解僱」是合法解僱的第一步

「請你把×××趕走，我不想要再看到他了！」我想應該有讀者曾經聽過頂頭上司或是其他單位的主管跟你這樣大吼吧？

作為人資工作者的你，如果聽到這種話，是會選擇毫不猶豫地把勞工攆走？還是堅持抗拒主管無理的要求？抑或是另外找尋其他的可能性呢？

現在身為律師的筆者，以法律人的身分當然會跟讀者說要對抗主管這種無理的要求，但同樣曾經作為人資工作者的筆者也知道要堅決地跟上司say no是多麼困難的一件事情。

有許多時候，折衷、委曲求全可能無法避免，但筆者希望人資工作者能夠在這種狀況下至少清楚意識到，要確保解僱的合法，首要之務就是「不為解僱而解僱」。

實務中有太多的狀況是老闆或其他單位給人資壓力，要人資把勞工趕走，理由可能是覺得勞工不好用、不合群、配合度不佳、惹到老闆娘，或是種種千奇百怪的理由。人資工作者明明就知道根本沒有正當理由，於是只能硬著頭皮來找解僱勞工的其他理由和方法。

　　這種邏輯、順序完全顛倒的作法就是筆者所謂的「為解僱而解僱」，我想理性的人應該都很清楚這種作法會是違法的。

　　要做合法的解僱，一定是「先有」非得要解僱勞工的合理事由與因素，接著才一步一步循序漸進地處理，而不是「先決定」要解僱勞工了才來找理由。後者這種次序顛倒的作法最容易漏洞百出，如果被法院認定解僱違法無效也只是剛好而已，但偏偏這種事情幾乎是天天上演。

　　為何明明知道這麼做會違法，還是要硬著頭皮做下去呢？更何況，如果人資受迫於壓力做了違法解僱，假設到最後打官司輸了，要揹鍋的絕對不是那些給你壓力的人，而是身為人資的你──這樣值得嗎？

　　所以人資當然要盡力避免違法解僱，因為到頭來都是人資的責任，如果不堅持專業而受迫於壓力才去解僱勞工，最終仍會害到自己，如此而已。

　　當然，筆者知道現實當中不會那麼盡如人意，筆者也不期待人資工作者永遠都能堅持己見，但至少在每次遇到解僱的問題時，不要永遠只是當個應聲蟲，什麼事情都照辦。在面對被交辦要解僱勞工的時候，請依照您的專業判斷，如果認為有疑慮的時候，至少要去嘗試看看其他各種不同的可能性，這是筆者認為作為人資工作者面對解僱時較為理想的心態。

第二章

解僱法制概要

　　談完心態方面的問題，接著就要開始說明「解僱」這個法律問題。

　　本書要帶給讀者的主題是「如何避免違法解僱的審查架構」，但在正式進入主題之前，筆者還是得先為讀者建立一些關於「解僱」這件事情的基礎法律知識。我們將在本章簡單介紹臺灣的解僱法制的基本原理，但針對資遣費或是預告期間計算這種偏向技術性細節的規定，則留待第九章再加以說明。

　　雖說本章的內容並非本書要討論的核心問題，但仍屬於非常重要的背景知識，許多內容都與後續要說明的「如何檢驗解僱是否合法」有關，因此還是建議讀者詳加閱讀。

1.「解僱」是甚麼？

　　一個勞工受到雇主聘僱，在雇主的指揮監督之下進行工作、換取工資，這樣的法律關係稱之為「僱傭關係」，簽訂的契約則稱為「勞動契約」。

　　這種「勞動契約」原則上是一種「不定期契約」。意思是，勞工和雇主雙方只要簽訂了「勞動契約」，除非發生「契約終止」的事由，要不然這個「勞動契約」就會無限期地繼續維持下去。

　　勞動契約的「終止」有很多種不同的狀況，包括雇主「**解僱**」勞工、勞工「**離職**」、「**勞工死亡**」、勞工「**退休**」、「**勞資雙方合意終止勞動契約**」等等，而我們最關心的當然是由雇主發動的「**解僱**」了。

　　「**解僱**」是一種由雇主發動，向勞工表達要終止勞動契約的法律行為。在法律上，「解僱」是一種「形成權」，意思是，雇主只要將表達終止契約的意思告知勞工，那麼就會產生契約終止的法律效力。

　　這代表兩個重要的觀念。

　　首先，「解僱」一定要告知勞工才會發生效力，*沒*

有做告知這個動作就不會發生終止契約的效果[1]。

其次，「解僱」是一個雇主的「單方行為」，不需要勞工同意就會發生效力！

很多人常有一種誤解，以為雇主解僱勞工時，勞工只要在公司內部的解僱相關文件上簽名或是拿了資遣費就代表「同意被解僱」。這個觀念是錯的，因為「解僱」這件事只需要雇主告知勞工就會生效，從頭到尾不需要勞工同意，既然沒有勞工同意與否的問題，即便勞工簽名或是領取資遣費也不能代表什麼[2]；反過來說，即便勞工不接受解僱、不簽署解僱的相關文件，也不會導致雇主做的解僱無效，只要雇主告知了勞工那麼還是會發生效力。

---

1. 解僱用口頭告知就可以生效了，但一般來說還是會建議要有書面，畢竟口說無憑。解僱是非常容易產生爭議的事情，如果省一時的方便沒有留下書面資料當成日後上法院時的證據，那麼反而可能會造成日後許多不必要的麻煩和困擾。另外在此先提醒，依照我國法院的見解，**解僱必須要明確告知勞工之所以解僱他的理由**，不可以不附理由地跟勞工說你被解僱了，因此既然要給書面，那就作得完整一點，這部分請見第四章。

2. 筆者上述所說的是指在**「解僱」**的狀況下，勞工簽名也不會產生同意的效果，因為解僱不需要勞工同意。但如果雇主今天雇主是希望以「雙方合意」的方式終止勞動契約，這時勞工一旦簽名，就代表同意終止這段關係，而且**「雙方合意」**基本上是不受到勞動法限制的，因此事後幾乎沒有挽回的空間。所以，**當雇主向勞工表達要解僱時，如果要求勞工簽署文件，勞工務必睜大眼睛確定簽署的文件是什麼，不可以隨便亂簽。**如果真的不確定的話，那乾脆就拒簽，因為雇主本來就沒有權利強迫勞工簽署任何文件。

　　不過呢，雖然「解僱」這件事情只要雇主單方面告知勞工就能產生終止勞動契約的效果，但是我國法律基於保障勞工工作權、維護就業市場穩定的立場而對解僱採取嚴格限制。如果雇主進行解僱時違反了法律的規定，將被法院宣告解僱無效，如此一來，原本被終止的勞動契約就會自動回復，勞工和雇主之間的關係將會繼續，因此解僱絕對不是雇主單方面說了算的事情。

2. 臺灣的解僱制度

　　世界各國對於「解僱」這件事情有著不同的立法模式，例如美國是採取「任意僱用制」（at-will employment）的國家，雇主可以隨時、不附理由地解僱勞工；又或者是一些國家採取的「解僱濫用禁止模式」，除非雇主的解僱行為涉及例如就業歧視之類的問題，否則在解僱勞工時原則上也不太受到法律限制。

　　但在臺灣，我們採取的是「**法定事由**」的立法模式，也就是**解僱的事由需要完全依照法律規定，雇主不能自行創造法律所沒有的解僱事由**。如果沒有法律所規定的解僱事由，解僱就會直接無效。

臺灣的法定解僱事由規定在勞基法

　　臺灣的「法定解僱事由」主要規定在勞動基準法的第11條和第12條第1項。勞動基準法的第11條稱為「裁員解僱」，即一般俗稱的「資遣」，而勞動基準法第12條第1項則稱之為「懲戒解僱」，一般則俗稱為「開除」。

勞基法第11條

非有左列情事之一者，雇主不得預告勞工終止勞動契約：

一、歇業或轉讓時。

二、虧損或業務緊縮時。

三、不可抗力暫停工作在一個月以上時。

四、業務性質變更，有減少勞工之必要，又無適當工作可供安置時。

五、勞工對於所擔任之工作確不能勝任時。

勞基法第12條第1項

勞工有左列情形之一者，雇主得不經預告終止契約：

一、於訂立勞動契約時為虛偽意思表示，使雇主誤信而有受損害之虞者。

二、對於雇主、雇主家屬、雇主代理人或其他共同工作之勞工，實施暴行或有重大侮辱之行為者。

三、受有期徒刑以上刑之宣告確定，而未諭知緩刑或未准易科罰金者。

四、違反勞動契約或工作規則，情節重大者。

五、故意損耗機器、工具、原料、產品，或其他雇主
所有物品，或故意洩漏雇主技術上、營業上之秘
密，致雇主受有損害者。

六、無正當理由繼續曠工三日，或一個月內曠工達六
日者。

　　勞基法第11條所規定的「裁員解僱」和第12條第1項
的「懲戒解僱」都是雇主解僱勞工，但兩者不同之處在
於「解僱勞工的責任歸屬於誰？」，也就是「誰要為解
僱勞工的原因負責？」這將會影響到雇主有沒有向勞工
「預告」及「支付資遣費」的義務。

　　勞基法第11條所列出的各種事由原則上都是因為雇
主經營管理上的問題而導致需要解僱勞工（第5款比較特
殊，之後再說明），所以雇主理當要為解僱勞工負責。
因此，當雇主依據勞基法第11條解僱勞工的時候應該要
提前向勞工進行預告讓勞工預先準備，並且支付資遣費
來彌補勞工；也因為被解僱的責任不在勞工這方，所以
對勞工而言屬於「非自願性離職」，勞工還可以另行向
政府申請就業保險法中的失業給付。

　　相對地，勞動基準法第12條第1項的各款事由都是因
為勞工本身有「紀律、行為」方面的問題，也就是勞工

做錯事。因為勞工自己做錯事而被解僱，責任當然就是勞工自己要負擔。所以雇主依據勞動基準法第12條第1項各款解僱勞工時可以不需要進行預告便立即解僱勞工，也不需要支付資遣費；也因為勞工被解僱是咎由自取，就不能算是「非自願性離職」，故無法向政府請領失業給付。

臺灣的解僱事由規定與法律效果		
法條	勞動基準法 第11條	勞動基準法 第12條第1項
性質	裁員解僱 （俗稱資遣）	懲戒解僱 （俗稱開除）
理由 （責任歸屬）	雇主經營管理上的理由（歸責於雇主）	勞工個人紀律、行為上的理由（歸責於勞工）
雇主是要向勞工預告解僱？	需要	不需要
資遣費？	有	無
失業給付	有	無

3. 解僱如果不合法，會發生甚麼事情？

在臺灣，雇主的解僱權受到法律的嚴格控制，如果勞工認為雇主的解僱不合乎法律的規定時，可以先透過「勞資爭議處理法」的「勞資爭議調解」制度進行處理，在調解委員的協助下與雇主進行協商，看看是否有轉圜的餘地；如果勞資爭議調解不能成立，勞工則可以向法院「聲請勞動調解」，或是「直接起訴」尋求救濟，進行「確認僱傭關係存在」的民事訴訟。

在法院進行審理之後若認定解僱是違法的，法院將宣告解僱無效，那麼勞動契約就會自動回復原狀。這時，雇主就得要依據民法第487條的規定負擔勞工從被解僱那天起，一直到雇主讓勞工回復工作那天為止這段期間的所有薪資。

民法第487條規定：**「僱用人受領勞務遲延者，受僱人無補服勞務之義務，仍得請求報酬。**但受僱人因不服勞務所減省之費用，或轉向他處服勞務所取得，或故意怠於取得之利益，僱用人得由報酬額內扣除之。」

一般來說，勞工沒有為雇主工作，雇主自然無須給付工資給勞工，但是如果勞工沒有為雇主工作的原因是雇主自己的行為所造成的，那麼雇主就必須為此負責。這種因為雇主的行為造成勞工沒有提供勞務的狀況叫做「受領勞務遲延」，在這種狀況下，即便勞工沒工作雇

主還是得要付給勞工薪水。雇主違法解僱勞工就是一種「受領勞務遲延」。

　　所以依據民法第487條，當雇主做了違法解僱被法院宣告違法而無效後，縱然勞工在被解僱期間並沒有為雇主提供勞務，但雇主仍必須要支付勞工從違法解僱之日起至讓勞工回復工作之日止的工資。

　　但需要注意，民法第487條還有「但書」的規定，稱之為「中間收入的扣除」。

　　法條規定「但受僱人因不服勞務所減省之費用，或轉向他處服勞務所取得，或故意怠於取得之利益，僱用人得由報酬額內扣除之」，也就是如果勞工在被解僱到復職的這段期間到其他地方工作，那麼，即便法院判決雇主解僱無效，雇主可以主張在計算這段期間要賠給勞工的工資總額時，可以扣掉勞工為別人工作所取得的工資[3]，但能抵扣的項目不包含勞工領取的失業給付或是政府補助。

3.其實筆者一直覺得這個規定用在違法解僱案件中對於勞工很不公平，但這畢竟是成文法律，除非修法，否則很難改變現狀。

4. 注意勞動事件法的特別規定——勞工可以在打官司時暫時回復工作

　　在109年1月1日上路的「勞動事件法」是非常重要的一部法律[4]，當法院在審理勞資爭議時，將會優先依照這部法律規定的程序進行審理，這部法律沒有規定時才會回歸民事訴訟法。

　　「勞動事件法」中有個關於解僱的規範將對解僱爭議中勞資雙方的策略產生很大的影響，第49條第1項規定：「勞工提起確認僱傭關係存在之訴，**法院認勞工有勝訴之望**，且雇主繼續僱用非顯有重大困難者，得依勞工之聲請，**為繼續僱用及給付工資之定暫時狀態處分。**」

　　這個條文為什麼特別重要呢？

---

4. 針對勞動事件法，坊間許多管顧公司或律師將這部法律形容得非常可怕，但事實上根本不是那麼一回事。勞動事件法是訴訟法，如果沒有勞資爭議進入訴訟程序的話根本用不到這部法律。而且這部法律中所規定的，例如舉證責任由雇主負擔，即便沒有這部法律，依據民事訴訟法的規定本來也都是雇主要舉證，所以如果人資有依照法律做好該做的事情，根本就不需要擔心這部法律的影響。但這也告訴人資要確實遵守法律的重要性，因為真的發生勞資爭議訴訟的時候，訴訟勝敗幾乎都是取決於人力資源管理的落實程度。從這個角度來說，這部法律反而更強化人資工作的重要性，這部分在第三章中提到舉證責任時我們會再簡單說明。

　　過往勞資雙方在打解僱官司的過程中，勞工最頭痛的問題不是在法律上要如何說服法官，而是在現實中如何在打官司的過程中維持收入。

　　前面已經說了，法院如果認定解僱違法，雇主就得要賠償勞工從被解僱到復職期間損失的薪水，但就算要賠也得等到官司打完。一般來說，解僱爭議多半可以打到三審，等到三審打完可能已經是數年之後的事情了，勞工在這段期間不可能一直喝西北風，許多雇主也是吃定勞工有經濟壓力這一點才會硬是解僱勞工，賭勞工會摸摸鼻子放棄打官司。

　　另一方面，即便勞工下定決心打官司，但在訴訟過程中如果勞工受迫於經濟壓力而先去其他地方工作，雇主反而可以依據前面所說的民法第487條但書規定來主張「扣除中間收入」減輕要償還的工資總額。**因此對勞工來說，官司打到一半跑去工作會導致能向雇主求償的總金額變少，打官司的誘因就會降低，但不去工作又不太可能維持生計，勞工將會陷入兩難的情境。**

　　而勞動事件法第49條第1項的規定將會改變上述的狀況，這條規定允許勞工可以在起訴後另行請求法院命令雇主在打官司的這段期間繼續僱用勞工、給付工資，**也就是勞工可以請求法院讓他們暫時先回公司工作，在不用擔心訴訟期間收入的狀況下邊工作邊打官司！**

　　但人資工作者不需過度擔心，法院可不會隨便答

應勞工提出的這項請求，原因便是法條中「**法院認勞工有勝訴之望**」這個要件。因為這條規定是允許勞工在打解僱官司的「過程中」向法院聲請，就代表法院還不確定解僱到底是合法還是違法。如果法院在這個階段就能認為「勞工有勝訴之望」，就代表雇主的解僱一定是做得很糟糕，明顯有違法，要不然法院也不會下命令要求雇主在官司結束之前就需要暫時繼續僱用勞工。反過來說，如果人資能確保解僱的各個程序合乎規範，其實根本無須擔心這個規定，因為在程序都有作好、作足的狀況下，法院絕對不會隨便認定「勞工有勝訴之望」而命令雇主暫時繼續僱用勞工。

因此，這條規定看似是在找人資麻煩，但事實正好相反，因為這條規定提高了解僱這件事情的難度，也將凸顯出人資在解僱這件事情的專業價值。

想像一下，在解僱勞工之後過沒幾天法院就命令雇主讓勞工暫時復職，這會是多麼地可怕、棘手的事情！如果要避免這個狀況發生，唯一的方式就是確保解僱流程合乎規範。如果日後在個案中真的讓法院下了這個定暫時狀態處分，就代表解僱流程一定是明顯違法，人資與雇主就必須要深自反省了。

本章重點整理

★「解僱」是形成權,須要告知勞工才會生效,但不需要勞工同意。勞工即便在解僱通知書上簽名或是受領資遣費,也不代表同意被解僱。

★「解僱」受法律限制,不是雇主說了算。

★「解僱」分成「裁員解僱」和「懲戒解僱」兩大類。

★「解僱」如果違法被法院宣告無效,雇主須要負擔從解僱到復職期間所有的薪水。

★「勞動事件法」允許勞工在跟雇主打官司時就可以請求暫時回復工作,但雇主和人資只要做好該做的事情,不需過度擔心。

第三章

解僱是否合法的審查架構

在上個章節我們已經初步了解到「解僱」這件事絕對不是雇主說了算,如果沒有符合法律的規定而硬是解僱勞工,事後被法院宣告解僱無效時,雇主該負擔的成本也是無法免除的。

因此我們要問,究竟該如何檢驗解僱是合法或是違法的?有沒有一個思考架構可以供我們在遇到解僱問題時加以運用?而這就是本書要提供給讀者的主要內容。

1. 用三個步驟來檢視解僱是否合法

　　在檢驗解僱是否合法時，我們可以用下圖的三步驟來加以思考。

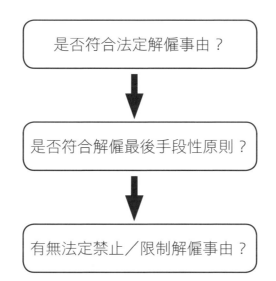

是否符合法定解僱事由？

↓

是否符合解僱最後手段性原則？

↓

有無法定禁止／限制解僱事由？

第一個步驟是檢驗「**是否符合法定解僱事由**」！上一個章節我們已經說過了，臺灣的解僱法制採取的是「法定解僱事由」的立法模式，也就是必須有法律上所規定的那些狀況（主要是勞基法第11條和12條）才可以行使解僱權。因此，檢驗解僱是否合法的第一步，就是要審酌個案發生的狀況是否符合法律所規定的事由，實際上並不是一件容易的事情。本書將在接下來的第四、五、六章針對第一步驟來進行詳盡的說明。

緊接著，解僱可不是只需要符合法律上寫的事由就好，還要通過第二個步驟「**是否符合解僱最後手段性原則**」的檢驗。「解僱最後手段性」是我國法院對於雇主行使解僱權的額外限制，也是多數不諳勞動法的人最容易忽略的問題。法院認為雇主要解僱勞工時必須是「**終極、不可迴避，不得已的手段**」，也就是「**解僱必須是萬不得已的最後一步**」。關鍵就在於，究竟甚麼狀況下我們才能說雇主已經「萬不得已」，只剩解僱這一步了？這就必須看**雇主有沒有用比較輕微的處置手段來取代解僱的可能性**！這部分的內容將會涉及公司內部的各種規範與程序，本書將在第七章加以說明。

最後一個步驟是「**有無法定禁止／限制解僱事由**」。我國法律中有許多禁止或限制雇主行使解僱權的規定，也就是在符合一定條件的狀況下，雇主不可以行使解僱權。例如，當勞工遭遇到職業災害還在醫療期間，依照法律的規定雇主是不能夠解僱勞工的，這代表

即便雇主通過第一步驟和第二步驟的檢驗，但是在這段勞工遭遇職業災害的醫療期間仍然不可以解僱勞工。這些對於解僱的限制規定散佈在不同的法律中，相當繁雜，本書將在第八章分別進行說明。

　　以上三個步驟只要有一個不符，都會導致解僱違法而帶來各種法律風險和成本，因此如果人資發現有疑慮時，請務必優先採取其他方式來處置，而非硬是解僱勞工。

2. 檢驗三步驟之前，先拿出勞動契約和 工作規則

　　許多人在遭遇法律問題時總是先問「法律怎麼規定」？這是錯誤的觀念。正確的作法是，請先看契約怎麼約定的，接著才去看法律怎麼規定。

　　例如向旅行社購買旅遊行程發生爭議時，第一步絕對不是直接去看民法或消保法，而是先看契約怎麼約定，先確定契約約定內容為何？有沒有不合法或不合理的地方？接著才能夠進一步地從法律裡取得解決問題的方法。

　　在解僱爭議方面也是如此，雖然我們提出了上述三個步驟，但在正式進入檢驗程序之前，還請先把勞動契約與企業內部的工作規則，各式規範、文件都準備好，先仔細地看過再來進行三個步驟的檢驗。

　　舉例來說，公司想要懲處某個勞工，但是對於勞工所做的行為根本沒有明文規定，那原則上就不能夠予以懲處，更別說是要以這個事由解僱勞工了；又或者公司規定績效不佳的勞工要進行考評至少三次，每次三個月，都無法改善工作表現時才能解僱。假設有個勞工績效確實非常糟糕，但雇主能夠在進行第一次考評時就解僱他嗎？當然不行，因為連自己內部的規定都不符合就不用談法律上如何規定了。

　　因此記得，在討論個案的解僱是否合法之前，請先拿出勞動契約和工作規則或是相關的規範、文件，看清楚自己的規定再來討論法律。

3. 一切都是證據的問題

　　勞動契約和工作規則對於企業而言是非常重要的，在勞資爭議訴訟中更是重要的證據，**但許多企業根本沒有訂勞動契約和工作規則**。連這兩個東西都沒有，就更不用提其他依法應該要準備的資料，例如薪資明細、出勤紀錄以及其他依法律應該準備的文書，如此一來，會打輸官司也就不意外了。

　　勞資爭議到最後終究還是得看證據，沒有留下證據，人資做得再多都沒用，也將在訴訟中導致難以收拾的後果。尤其依照民事訴訟法與勞動事件法建立的遊戲規則，勞資爭議幾乎都是要由雇主來提出證據，如果雇主提不出證據就得要承擔不利的後果，若是連勞動契約和工作規則都沒有，敗訴的機會就會非常的大。

　　舉例來說，假設勞工做了某些不該做的行為被公司依據勞基法第12條第1項第4款「違反工作規則情節重大」而予以解僱。那麼在訴訟中雇主必須要提出工作規則，同時也要提出證據來證明勞工確實違反工作規則；不僅如此，雇主也得要提出例如曾經給予勞工教育訓練、主管曾經對此進行溝通、訓誡的紀錄，又或者勞工曾是累犯，雇主也要提出曾經給予懲戒的紀錄。

　　這些證據的留存有些是人資要負責的，但更多時候則是前線用人主管平日就要準備好的，然而用人主管

未必會有這樣的sense。這時，人資身為用人單位主管的夥伴與顧問，就有義務去協助用人單位主管做好該做的事，進行合乎規範的各種決策管理。

沒有制度的公司只會讓自己暴露在無止盡的法律風險之中。對於人資來說，首要之務就是建立、全盤掌握公司的人事制度，並在日常中備妥各項應備的法律文件。

以下簡單舉幾個最重要的文件資料是平時就該準備好的（但實際上該準備的還更多），不僅是勞資爭議會用到，勞動檢查時也會用到。

平時就該準備好資料(舉例)	
勞動契約	各種彈性工時制度的工會或勞資會議同意紀錄
勞工求職時的資料表	勞基法84-1條書面合約和核備函
勞工名冊	教育訓練紀錄(含職業安全衛生教育訓練紀錄)以及日常宣導
工作規則（包含各種細部工作規範、工作的SOP等等）	勞工健檢紀錄
工資明細、薪酬獎金規範	工作守則（專指職安法規定的安全衛生規範與相關SOP）
出勤紀錄（例如打卡、簽到簿）	績效管理辦法與績效溝通紀錄
勞資會議、職業安全衛生委員會紀錄	懲戒辦法與懲戒紀錄

本章重點整理

★解僱是否合法可以依照下列三步驟檢驗：1. 是否符合法定解僱事由；2. 是否符合解僱最後手段原則；3. 有無法定禁止／限制解僱事由。

★檢驗解僱是否合法時，不要忘記勞動契約和工作規則的規定。

★留存各項證據是最重要的關鍵。

第四章

正確適用解僱事由

　　審視解僱是否合法的第一步驟，就是要「正確適用解僱事由」。如果一開始就用錯解僱事由，解僱就違法而無效了，當然也沒有討論第二步驟和第三步驟的必要。

　　再次強調，勞動基準法對於雇主解僱勞工是採取「法定事由」的立法，也就是只有勞動基準法第11條和12條中所明定的11種解僱事由（其實不只11種，因為各款當中又包含不同的解僱事由）才能拿來解僱勞工，雇主不可以隨意創造法律沒有的解僱事由來終止勞動契約。

1. 絕對不要以自己的主觀方式解釋法條

對於勞動基準法第11條和12條的11款解僱事由進行深入的理解是非常重要的事情，原因很簡單，就是要避免誤解或曲解法條意思的情況。

法律通常都是用相對抽象、艱澀的文字來書寫，閱讀理解能力差一點的人很容易會對法律的規定產生誤解。而且在解釋法律時也不能只是依照表面的文字，還必須要參考整個法律的體系設計、法院或主管機關的見解等等來加以補充說明，這是必須要花一些功夫學習的。一般人未經過法律方面的訓練，對於法律文字的解釋時常會流於主觀，這也容易導致違法。

而在我國勞動基準法所列出的解僱事由中，又有特定幾款十分模糊或是容易混淆，常常會導致雇主與人資誤用。一旦誤用解僱事由就直接違法了，也等於一切做白工，更別說許多雇主根本是惡意曲解法律。

舉例來說，勞基法第12條第1項第2款規定，勞工如果有「對於雇主、雇主家屬、雇主代理人或其他共同工作之勞工，實施暴行或有重大侮辱之行為者」，雇主可以不經預告立刻解僱。筆者就曾遇過雇主以「勞工在開會時跟老闆頂嘴」，認為是對雇主「重大侮辱」而要解僱勞工的案例，這顯然就是惡意曲解法律（好吧，或者說這個雇主比較玻璃心），當然解僱也一定是違法而無

效的。

　　要「正確適用解僱事由」不是一個簡單的事情，這也是解僱法律問題可以稱得上是專業的理由！我們必須具體理解每個解僱事由到底在說甚麼，這是要使解僱合法的第一步，接下來的第五和第六章的就是要告訴讀者法院和主管機關對於勞動基準法第11條和12條的11款解僱事由是怎麼解釋的。

　　切記，千萬不要用自己的主觀解釋來解讀法律，那是沒有意義的。

2. 解僱事由必須明確告知勞工，絕對不可事後變更或擴張！

　　「正確適用解僱事由」還有一個更重要的意義，那就是我國法院認為**解僱事由必須明確告知勞工，且不可以事後變更或擴張**，這點非常非常地重要！

　　許多雇主常常先硬是找了某個理由解僱勞工，後來卻在勞資爭議調解或是上法院的時候振振有詞地說：「即使我當初解僱他的OO理由不合法，但這個勞工有XX理由，所以我還是可以解僱他。」如果雇主提出了這種主張，那被法院判決敗訴也只是剛好而已。

> **重要見解：**
> **最高法院95年台上字第2720號判決**
>
> 「按勞基法第十一、十二條分別規定雇主之法定解僱事由，為使勞工適當地知悉其所可能面臨之法律關係的變動，雇主基於誠信原則應有告知勞工其被解僱事由之義務，基於保護勞工之意旨，雇主不得隨意改列其解僱事由，同理，雇主亦不得於原先列於解僱通知書上之事由，於訴訟上為變更再加以主張。則上訴人嗣於訴訟中主張其並以「虧損」為由終止系爭僱傭契約，及離職證明書無需詳列所有資遣事由云云，尚無足取。」

　　這個最高法院判決的案例事實，是雇主在勞工即將符合退休資格的前一年以勞動基準法第11條第2款的「業務緊縮」為由解僱勞工，勞工起訴主張解僱無效。

　　一審時勞方敗訴，但是在二審時法院指出了雇主解僱勞工時的解僱通知書上只有寫到「業務緊縮」，沒有寫「虧損」，而雇主在訴訟過程中所主張的事實與提供的證據都是針對「虧損」這件事，而非當初解僱勞工時所依據的「業務緊縮」。而在雇主雖然有「虧損」但實際上並無「業務緊縮」的狀況下，當初解僱事由採取「業務緊縮」顯然就是用錯了，解僱也因此無效。[5]

　　縱然本案中的雇主在訴訟中追加「虧損」這個事由，而且能夠提供財務報表等證據來證明公司真的有嚴重虧損而必須解僱勞工，但這種事後才追加解僱事由的方式被最高法院認定有違誠信原則，因此不允許雇主另行主張，只能依據當初主張的「業務緊縮」來進行訴訟。

　　這個判決可以歸納成兩個重點：

（1）雇主必須在解僱時明確告知勞工為什麼要解僱他；

5.沒錯，明明規定在同一款的「虧損」和「業務緊縮」，在法院眼中卻是兩個不同的解僱事由！有「虧損」不一定有「業務緊縮」，有「業務緊縮」也不必然「虧損」。

（2）解僱的事由是以告知勞工終止契約時的事由為準，雇主事後增加或變更的解僱事由都不算數。

以上的見解已經成為法院一貫的立場，後續判決更是以此為基礎更進一步說明，之所以禁止雇主隨意變更或擴張解僱事由，原因在於這種事後增加或變更解僱事由的作法「**無異使經濟地位強勢之雇主事前可毫不審慎的恣意解僱勞工，事後再想方設法蒐集『解僱當時』雇主所不知之解僱事由，於訴訟中再羅列各種事後搜集之資料作為解僱勞工之理由。**」（嘉義地院102年勞訴字23號、台北地院104年勞訴字137號），其實就是要避免雇主「先決定解僱勞工再來找理由」的狀況。

因此請不要不經審慎思考就隨便發動「解僱」，「解僱」要像是武林高手出招一樣，一擊必殺，如果出手偏掉了，事後再怎麼補救都是沒用的。依據目前法院的見解，解僱的事由是以解僱當下雇主告知勞工的事由為主，事後才拿出來的都是無效的。這也代表解僱的事由一開始就要用對，如果用錯，即便雇主真的能舉出其他的合法解僱事由，解僱還是會被宣告無效。

3. 可不可以把一大堆解僱事由都列上去？

　　既然不可以在事後擴張或是變更解僱事由，那麼，如果「一開始就把解僱事由全部列上去呢？」

　　老實說這種作法並不是不行，也滿常見的。但仔細想想，其實只要有「一個」正當的解僱事由就能合法解僱了，那為何要列上一大堆「罪狀」呢？捫心自問，是不是因為我們對解僱是否合法並沒有絕對的把握呢？

　　很多時候，這種把解僱事由一股腦全部列上去的方式，多半都是前面所說的「先決定解僱勞工、再來找理由」，從外觀來看會很像是刻意找勞工的麻煩，如果發生爭議而去訴訟時往往要花費額外力氣來去說明解僱的正當性，甚至會產生漏洞。

　　再者，有些解僱事由放在一起還算是有道理的，但有一些放在一起就會很奇怪。舉例來說，如果雇主用勞基法第12條第1項第6款「無故連續曠職三日」解僱勞工，曠職通常也會是工作規則中禁止的行為，因此雇主將勞基法第12條第1項第4款「違反工作規則情節重大」同時列入，也還算是合情合理。

　　但相反地，如果雇主將「無故連續曠職三日」和勞基法第11條第2款的「業務緊縮」放在一起就會非常奇

怪。如果確實有第12條的事由，那直接用第12條解僱即可，雇主還不需要預告也不用給資遣費呢！如果不是擔心第12條解僱無效，雇主又何必畫蛇添足再增列第11條呢？

　　因此筆者個人認為，除非案例本身有特殊的狀況，否則完全沒有必要列一堆解僱事由。真的是合法解僱，一個事由就夠了，如果是違法解僱，一百個事由也沒用。

4. 如果不想對勞工未來求職產生影響，可以在離職證明上改用其他解僱事由嗎？

假設有個勞工被雇主以勞基法第11條第5款「工作能力不能勝任為由」資遣，勞工多半會擔心對未來求職產生影響，而向人資協調希望能在離職證明上改成其他的事由，例如第11條第4款「業務性質變更」。

如果從法律上來說，筆者當然不建議那麼做。原因很簡單，假設這個勞工事後去法院主張說「雇主根本沒有業務性質變更」，這時雇主事後再去跟法院說「我當初解僱他的理由其實是工作能力不能勝任」，但又沒有辦法提出證據時，就很容易變成前面所說的「事後變更解僱事由」導致解僱無效。

當然，筆者能夠理解，會有上述這種狀況很多時候是被解僱的勞工所要求的。人資會想留一條生路給勞工，同時避免勞工來找麻煩，這當然是無可厚非的事情。

因此，雖然在法律上並不建議在離職證明上變更解僱事由，但如果真的要這麼做的話，請務必**另行留下白紙黑字的證明**。寫清楚確實是以某個解僱事由解僱勞工，但是為了體諒勞工、避免日後求職的困擾，因此會

發給登載其他的解僱事由的離職證明，這樣才能避免額
外的風險。

5. 雇主一開始要資遣我，但在預告期間時用勞基法12條懲戒解僱，解僱是不是就會違法？

如果雇主要依據勞基法第11條資遣勞工，就必須依照勞基法第16條的規定提前向勞工預告，這段期間稱之為「預告期間」，勞工可以在這段期間預做準備、另謀出路。

那如果勞工在「預告期間」內違反了勞動契約與工作規則，雇主是否可以予以懲處甚至解僱？這樣是不是一種「變更解僱事由」呢？

答案是，雇主依然可以予以懲處乃至解僱，不會構成「變更解僱事由」。

前述最高法院95年台上字第2720號判決要禁止的「變更解僱事由」，是雇主解僱勞工「時」是用A理由，但勞動契約終止「後」才另外主張B理由，這種狀況就會是違法的；但如果雇主是資遣勞工而還在預告期間內時，在預告期間中勞工還是勞工，仍然必須遵守勞動契約和工作規則。如果勞工在這段期間中確實做了不該做的事情而符合勞基法12條懲戒解僱的事由，雇主還是能夠懲戒甚至解僱勞工的。

重要法院見解：
臺灣士林地方法院105年度重勞訴字第10號判決

按勞基法第11條、第12條分別規定雇主之法定解僱事由，為使勞工適當地知悉其所可能面臨之法律關係的變動，雇主基於誠信原則應有告知勞工其被解僱事由之義務，並基於保護勞工之意旨，雇主不得隨意改列其解僱事由。**然所謂雇主不得於更改其解僱事由，係指被告於104年7月16日以「虧損」為由預告終止契約，自不得於日後包括訴訟中改稱當日解僱事由為他款事由。然而，於預告期間內兩造間契約尚未終止，被告於預告期間內又發現知悉原告早有懲戒解僱事由或有新發生懲戒解僱事由，勞動契約在有效期間，雇主仍得行使勞基法第12條懲戒解僱權，如不為此解釋，則接獲資遣解僱通知之勞工，在預告期間內將可以任意違法違約，例如對雇主或其家屬實施暴行、重大侮辱都不被懲戒解僱，而雇主於預告期間屆滿必須給付資遣費，有違情理**，是以被告於預告期間發現原告有勞基法第12條第1項第1款事由而終止勞動契約，並非法所禁止。

這個案子中，本來雇主在104年7月16日預告將在104年7月31日以虧損為由資遣勞工，但是因為勞工申請勞資爭議調解，雇主在104年7月29日準備資料時發現勞工在求職時有嚴重隱匿工作經驗的情況（頻繁變更工作，本

來有13家，但履歷上只有寫5家），因此在104年7月31日以勞基法第12條第1項第1款解僱勞工。

　　勞工當然主張雇主是變更解僱事由，但法院說得很清楚，雇主並非改變7月16日的資遣，而是在勞動契約還有效的狀況下依法懲戒解僱，法令對此並沒有加以限制，因此解僱合法。

　　反過來說，這個案子中如果雇主在訴訟時主張7月16日告知勞工的其實不是第11條第2款的虧損，而是別的事由，或是7月31日解僱勞工其實不是依照第12條第1項第1款，而是別的理由，那就會違法。

本章重點整理

★不要用自己的主觀角度詮釋解僱事由，要以法院的見解為主。

★解僱事由需明確告知，且絕對不能事後變更或追加。

★一個解僱事由合法就夠了，不要亂列一堆事由。

★勞工如果在資遣的預告期間犯錯而被懲戒解僱，不是變更解僱事由。

Chapter 5
第五章

裁員解僱事由逐款解析

　　在這個章節中，我們將針對勞動基準法第11條「裁員解僱」所規定的各款解僱事由加以說明，並且透過法院判決案例、主管機關見解等等強化讀者對於這些事由的理解。讀者要特別注意，**勞動基準法第11條中其實有同一款中包含了不同的解僱事由這種情形**，因此在說明時我們也會加以分開。

　　如果日後讀者遭遇到裁員解僱問題時，可以用本章的說明來檢視個案是否符合法律規定。

1.「歇業」

　　勞動基準法第11條第1款中規定在「歇業」或「轉讓」時，雇主可以解僱勞工，但「歇業」和「轉讓」其實是不同的兩款事由，毫不相干，而且「轉讓」還會與勞基法第20條的「改組」有關，故本書將它們分開來加以探討。

歇業的意義

　　所謂的「歇業」十分容易理解，是指事業單位**永久性**地不再繼續經營的狀態。事業單位如果都已經不再繼續經營，當然僱傭關係也沒有繼續的可能性。所以某種程度來說，在「歇業」這種情況下討論解僱是否合法其實已經沒有任何的意義，唯一要立刻處理的就是確保勞工該有的各種權利，尤其是被積欠的工資、資遣費、退休金等等是否有確實拿到。

　　一般來說，事業單位要進行歇業時應該要依據公司法、商業登記法等法規辦理「歇業登記」。但是如果一切都以「歇業登記」為準的話，那麼遇到雇主「半夜落跑」這種公司停止營運又沒有去做登記的狀況下，勞工就無法向雇主主張資遣費。所以依據司法院的見解，本款的「歇業」是指「**事實上的歇業**」（司法院74年10月

14日第7期司法業務研究會法律問題研究意見），只要雇主實際停止營運即可，有沒有進行「歇業登記」並非重點，認定是否歇業則是地方主管機關的工作。

正常的歇業流程可能涉及大量解僱勞工保護法

　　以「歇業」作為解僱事由真的沒有太多法律上操作的問題。依據法律所設想的流程，雇主應該要在歇業前正式預告勞工並發給資遣費、退休金等等，這是法條預設的理想狀態。此時，歇業流程多半就會直接連結到「大量解僱勞工保護法」的程序規定。

　　如果歇業所產生的影響符合大量解僱勞工保護法第2條所規定的指標[6]，那麼雇主必須依照該法進行通報並啟

6.大量解僱勞工保護法第2條：「本法所稱大量解僱勞工，指事業單位有勞動基準法第十一條所定各款情形之一、或因併購、改組而解僱勞工，且有下列情形之一：

一、同一事業單位之同一廠場僱用勞工人數未滿三十人者，於六十日內解僱勞工逾十人。

二、同一事業單位之同一廠場僱用勞工人數在三十人以上未滿二百人者，於六十日內解僱勞工逾所僱用勞工人數三分之一或單日逾二十人。

三、同一事業單位之同一廠場僱用勞工人數在二百人以上未滿五百人者，於六十日內解僱勞工逾所僱用勞工人數四分之一或單日逾五十人。

動勞資協商等程序。

不過呢，如果雇主沒有依照「大量解僱勞工保護法」所規定的程序進行通報與協商，也只會導致雇主因此受罰，而不會對於「解僱勞工」這件事情的效力產生影響，這也是許多人批評「大量解僱勞工保護法」沒有作用的原因。

不過呢，「大量解僱勞工保護法」這部法律立法的初衷本來就不是禁止大量解僱，而是希望雇主在發動大量解僱前三思而後行，因此只能說是民眾的情感跟制度設計有些不符而已。

關於大量解僱的說明，請見本書第九章。

老闆半夜走路，勞工該怎麼辦

勞基法第11條第1款的歇業所預設的流程是雇主「先預告才歇業」，但現實中上演的多半是「老闆半夜走路、無預警歇業」的戲碼，勞工甚麼權利都還沒拿到雇主就已經避不見面了。

四、同一事業單位之同一廠場僱用勞工人數在五百人以上者，於六十日內解僱勞工逾所僱用勞工人數五分之一或單日逾八十人。

五、同一事業單位於六十日內解僱勞工逾二百人或單日逾一百人。

前項各款僱用及解僱勞工人數之計算，不包含就業服務法第四十六條所定之定期契約勞工。」

　　如果勞工真的遭遇到「老闆半夜走路」、「鐵門拉下、避不見面」而被積欠工資、資遣費、退休金的情況，可以向當地的主管機關請求依據「**地方主管機關辦理核發事業單位歇業事實之證明文件應行注意事項**」去實際認定雇主已經歇業，主管機關實地查核確認後會發給勞工證明，勞工就能夠拿這個證明去向勞保局申請勞基法第28條的工資墊償，用來償還被積欠的工資、資遣費、退休金，同時也可以申請失業期間的失業給付。

　　當然，勞基法第28條的工資墊償只有負擔一部分的積欠工資，如果勞工被欠的金額大於工資墊償墊付的金額，那麼需要趕快地透過支付命令等保全程序來確保自己的債權。但這部分超越了本書要討論的內容，真的發生這種狀況，勞工可就近向地方勞工局或是法律扶助基金會等單位尋求協助。

　　附帶說明，這種老闆半夜走路的狀況下，雇主沒有通知勞工，那這樣還能算被雇主解僱嗎？

　　答案是可以的，這點可以參考下面這個判決。

重要法院見解：
基隆地方法院 107 年勞訴更一字第 1 號民事判決

又所謂默示之意思表示，乃指依表意人之舉動或其他
情事，足以間接推知其效果意思者而言，若單純之沉
默，則除有特別情事，依社會觀念可認為一定意思表
示者外，不得謂為默示之意思表示（最高法院29年
上字第762號判例意旨參照）。查被告自105年9月
10日起，即處於不再繼續經營之事實上歇業狀態，
有原告所提基隆市政府105年11月9日基府社關貳字
第1050250140號函在卷可參，足認被告自105年9
月10日起即未提供原告任何工作機會及未繼續發給
原告薪資之事實，自客觀而言，當可推知被告自歇業
時起，即有依勞動基準法第11條第1款規定，終止兩
造間勞動契約之默示意思表示，原告主張兩造間之勞
動契約，因公司無預警歇業而由被告於105年9月10
日默示終止等語，自屬有據。

　　這個判決認定雇主在開始停止營業、不讓勞工繼續
工作，也沒發給薪資的那個時間點起就可以當作有解僱
勞工的意思，因此勞工在那個時間點起就能夠主張契約
已經被雇主終止，因而可以向雇主要求積欠工資、資遣

費、退休金等權利。[7]

雇主可否「一部歇業」？

雇主可否「一部歇業」？顧名思義，也就是只有一部分的事業單位停止運作，其他則維持營運。

會有這個問題是因為勞基法第11條第1款的「歇業」是延續過往工廠法第30條的規定，而工廠法第30條的歇業則包含「一部歇業」的狀況，因此以前雇主是被允許在「一部歇業」時解僱勞工的。

但是工廠法目前已經廢止，原則上不應該再拿來參考；更重要的是許多公司所謂的「一部歇業」多半只是「暫時性」地調整經營的區域或門市，並不符合「歇業」必須要「永久性」停止營運的概念。

因此，筆者認為現在的「歇業」應該不包含「一部歇業」。而且，雇主真的有類似「一部歇業」的狀況，其實還有第2款的「業務緊縮」或是第4款的「業務性質變更」可以供雇主在經營上使用，但仍需要注意個案是否符合該款事由所稱的狀況。

7.其實勞工也可以反過來用勞基法第14條第1項第6款主張雇主違反勞動契約或勞動法令而「被迫離職」，同樣能向雇主請求積欠工資、資遣費、退休金等等，也能請領失業給付。

2.「轉讓」

轉讓的意義（兼論改組）

　　勞基法第11條第1款中的「轉讓」，是指「事業單位將其所有之資產、設備之所有權，移轉給其他事業單位經營，由原來法律上主體轉到另一個法律上主體繼續經營。」（參考雲林地方法院99年度勞訴字第14號）

　　「轉讓」必須與勞動基準法第20條的規定一起觀察。

　　勞動基準法第20條規定：「事業單位**改組**或**轉讓**時，除新舊雇主商定留用之勞工外，其餘勞工應依第十六條規定期間預告終止契約，並應依第十七條規定發給勞工資遣費。其留用勞工之工作年資，應由新雇主繼續予以承認。」勞基法第20條的「轉讓」和11條第1款相同，而「改組」是指事業單位依公司法之規定變更組織型態。

　　針對第11條第1款與第20條所謂的「轉讓」或「改組」，無論是法院或是主管機關都強調原則上必須要有「法人人格的變動」才可以依據此事由進行解僱。

　　「法人」是甚麼呢？簡單來說，我們在法律上把公司之類的單位當成一個人類一樣，具有獨立的地位能去享受、行使各種權利，同時也必須負擔義務。換句話

說，我們把公司之類的團體「當成人」，但這是法律所賦予的，因此稱之為「法人」。

所以，假設一間公司和勞工簽訂勞動契約，那就是勞工和一個「法人」簽約，幫這個「法人」服務，這個「法人」就是他的雇主。

那為什麼事業單位發生「轉讓」或「改組」時可以解僱勞工，理由在於勞動契約的雇主一方徹底地產生變動，勞工要服務的對象已經不是同一個「人」了，這時法律規定雇主可以解僱勞工；但相對地，倘若「法人」沒有變動，只是換了個名字，或是股權結構變動等等，因為還是同一個「法人」，那麼當然不得解僱勞工。

舉例來說，今天如果A公司整間公司或是部分部門被賣給B公司，而被B公司「併入」的狀況（屬於企業併購法的「收購」），原本勞工服務的對象由A公司已經轉變為B公司，雇主已經是不同的法人了，這時候就符合了勞基法第11條第1款「轉讓」這個事由；相對地，如果B公司把A公司的部份股權或是全部股權買起來，但是A公司還是A公司，這種只是股權結構的變動沒有產生法人人格變動的狀況，勞工服務的公司並沒有變，只是擁有這間公司的人變了，那麼當然也就不能動用勞基法第11條第1款。

這部分可參考以下判決：

> **重要法院見解：**
> **最高法院100年度台上字第2024號判決**
>
> 再勞基法第二十條所謂事業單位改組或轉讓，如事業單位為公司組織者，係指事業單位依公司法之規定變更其組織或合併或移轉其營業、財產**而消滅其原有之法人人格，另創立新法人人格而言**。雇主為公司而依勞基法第十一條第一款轉讓之規定，終止與勞工間之勞動契約，自須有上項情形，始得為之。A公司股東B公司將所持有之股份轉讓他人，僅係公司股東間股份之轉讓，**A公司之法人人格依然存在，並無變動**，亦非公司進行併購，難謂A公司有轉讓或應適用企業併購法第十六條、第十七條有關公司進行併購留用員工規定之情事。A公司以轉讓為由，依勞基法第十一條第一款規定，終止與范○○等九人之勞動契約，為不合法，不生終止之效力。

　　這個案例中，雇主A公司主張解僱勞工的部分理由，是A公司的股東B公司將所持有A公司96.95%之股份轉讓給第三人，因此A公司主張可以依據勞基法第11條第1款的「轉讓」解僱這些勞工。

　　但法院指出B公司只是把持有A公司的股份轉讓給其他公司，但身為雇主的A公司並沒有任何的法人人格變動，A公司還是A公司，頂多只是經營權易手、股權轉

讓，那麼當然不能以勞基法第11條第1款的「轉讓」解僱勞工。

上述的概念其實不難理解，假設股權結構變化就能夠成為解僱事由，那麼上市公司的股票每天都在公開市場交易，股權結構每分每秒都在變化，難道公司可以隨時隨地以公司的股權已經轉讓而解僱勞工嗎？當然不行。

同理，不管是公司換名字，董事長、經營團隊換人等等，在公司的法人人格沒有變動的狀況下，都不能動用第11條第1款的「轉讓」解僱勞工。

企業併購下的商定留用權

以前述A公司整間公司或是部分部門被賣給B公司，而被B公司併入的狀況來說，如果B公司不是希望單純買個空殼而是要留下勞工，那麼就會涉及勞基法第20條和企業併購法「商定留用權」的規定。

在企業進行「合併」、「收購」或「分割」的狀況之下，原則上都會涉及到雇主的法人人格變動的問題，此時，法律規定新的雇主和舊的雇主可以依據勞基法第20條以及企業併購法第16條定來決定是否「留用勞工」。

　　依據企業併購法第16條[8]的規定，新雇主應該在併購基準日三十日前以「書面」通知勞工是否留用，勞工也應該要在受通知後十日內以書面回覆是否同意留用，雇主未依期限通知勞工，或是勞工受通知後沒有回覆，都視為同意留用。

　　如果雇主決定留用勞工且勞工同意留用，那麼勞動契約將由新雇主承受，勞工的年資繼續計算；相對地，如果勞工沒有被留用，或是經雇主留用但勞工拒絕留用，那麼就應該由舊雇主予以資遣[9]。

　　不過說實話，如果真的發生企業併購，大概不是企業內部人資能處理的大工程，屆時一定會有外部的專業律師和會計師介入加以協助，因此人資只要對這個議題具備基礎認知即可。

---

8. 企業併購法第16條：「（第一項）併購後存續公司、新設公司或受讓公司應於併購基準日三十日前，以書面載明勞動條件通知新舊雇主商定留用之勞工。該受通知之勞工，應於受通知日起十日內，以書面通知新雇主是否同意留用，屆期未為通知者，視為同意留用。（第二項）留用勞工於併購前在消滅公司、讓與公司或被分割公司之工作年資，併購後存續公司、新設公司或受讓公司應予以承認。」

9. 企業併購法第17條：「（第一項）公司進行併購，未經留用或不同意留用之勞工，應由併購前之雇主終止勞動契約，並依勞動基準法第十六條規定期間預告終止或支付預告期間工資，並依法發給勞工退休金或資遣費。（第二項）前項所定不同意留用，包括經同意留用後，於併購基準日前因個人因素不願留用之情形。」

3.「虧損」

　　雖然許多學者和部分法院的見解認為第2款應該解讀為「因虧損而導致業務緊縮」，也就是「虧損」和「業務緊縮」是同一個事由。但多數法院還是傾向認定「虧損」和「業務緊縮」是兩個不同的解僱事由[10]，因此本書還是將它們分別加以說明。

「虧損」的意義

　　所謂的「虧損」，是指「雇主的營業收益不敷企業經營成本，致雇主未能因營業而獲利」。這個定義看起來無非就是支出大於收入的赤字狀態，但事實上並沒有那麼簡單。

　　法院向來認為「虧損」不能只是輕微虧損，但具體來說要虧損到甚麼程度卻又沒有一個明確的判斷標準，這就是本款解僱事由麻煩的地方。

　　過去主管機關雖然有函釋[11]指出「事業單位是否虧損，應依實際認定」，但要如何認定？該函釋也只有

---

10. 最高法院91年度台上字第787號判決要旨略謂：「按虧損或業務緊縮，二者有其一，雇主即得預告勞工終止勞動契約，此由勞動基準法第十一條第二款規定之反面解釋自明。」可以很明確看出最高法院認為虧損和業務緊縮兩者是分開來看的。
11. 行政院勞工委員會78年臺(78)勞資二字第07318號。

含糊地稱：「查事業單位虧損之認定，現行勞動基準法中，並未有明文規定；惟可由當地主管機關請該事業單位提出近年來之經營狀況，說明虧損情形及終止局部勞動契約之計畫後，再針對其經營能力及事實狀況個別加以認定，並應積極協調，避免以虧損為由，不當資遣勞工。」依舊沒有具體的指標。

但無論如何，除非虧損程度達到必須要裁減人力的程度，否則是不能以虧損為由解僱勞工的。

虧損需達一定期間

虧損必須是相當期間的虧損，一時之間的虧損不能解僱勞工。

由於法院認為解僱必須在萬不得已的狀況下才可以發動（也就是解僱最後手段），因此若雇主以「虧損」為由解僱勞工時，必須是經過一定期間的虧損，不得因為短期、一時性的虧損就解僱勞工，這個見解請參考以下判決。

重要法院見解：
臺灣高等法院 94 年度勞上易字第 15 號 判決

按雇主虧損或業務緊縮時，得預告勞工終止勞動契約，勞基法第11條第2款定有明文。所謂業務緊縮，係指縮小事業實際營業狀況之業務規模或範圍。因雇主業務緊縮致產生多餘人力，雇主為求經營合理化，必須資遣多餘人力；所謂虧損，係指雇主之營業收益不敷企業經營成本，致雇主未能因營業而獲利。

（中略）

是以應認雇主依勞基法第11條第2款規定以虧損或業務緊縮為由終止勞動契約，應具備最後手段性之要件，**即必須雇主業務緊縮或虧損之狀態已持續一段時間，且無其他方法可資使用，雇主為因應景氣下降或市場環境變化，方可以虧損或業務緊縮為由終止勞動契約。**

　　上述判決的個案中其實是針對「業務緊縮」，但法院認為無論是「虧損」還是「業務緊縮」，雇主都必須要在撐了一定期間後，萬不得已才能夠解僱勞工。但是究竟要多久可能仍舊沒有一個具體的標準，還是要看個案中的企業經營狀況、虧損程度、產業環境等等來輔助判斷。

　　一般來說法院會觀察**兩年至三年的財務報表**，絕不會是剛發生赤字虧損就能立刻二話不說地解僱勞工。

　　但這個時候不免會有讀者想問：「**如果去年有賺錢，但是今年立刻遇到像金融海嘯一樣的狀況，雇主還是不能用虧損為由解僱勞工嗎？**」

　　對此，筆者認為並沒有絕對的答案，法院雖然強調虧損必需是基於長期虧損，但如果確實發生瞬間鉅額虧損而導致有必要解僱勞工的時候，未必會被認定是違法解僱，一切都還是要看個案當中雇主能否舉證虧損的情況非常嚴重。

　　不過也別忘了，雇主其實還是有很多替代措施得以使用，例如無薪假，或者是藉由公布優離優退方案來與勞工合意終止勞動契約[12]等等，都是可能採用的替代方式。如果企業真的不知道該如何處理時，請務必尋求專業律師的協助。

　　話說回來，面對金融海嘯這樣的狀況時，一般來說政府會有一些補助措施，比方說「就業保險促進就業實施辦法」中規定的「僱用安定措施」就是對於無薪假期間勞工薪資變少的補貼政策，雇主應該優先利用這些政府資源。但有些政府的措施會要求拿到補助的業者承諾不裁員，這時，到底何種措施會比較適合企業的經營需

12.關於合意終止勞動契約的相關問題，請見第九章的說明。

求，必需仰賴經營者的判斷，就不是筆者能夠直接給答案的了。

虧損不分業內或業外

法院認為「虧損」不分業外的虧損還是業內的虧損，都可以解僱勞工。

重要法院見解：
最高法院94年度台上字第2339號判決

我國勞基法規定雇主若發生「虧損」時，即可與勞工終止勞動契約，並未區分為公司「營業外（指公司轉投資）」或「營業內（指本業經營項目）」之虧損，公司營業上一旦發生虧損時，不論為公司營業內或營業外之虧損，企業為經營生存之必要性，避免造成更大虧損，因而資遣員工時，均為法之所許。

或許會有讀者認為這個見解並不公平，比方說公司高層亂投資金融商品導致公司鉅額虧損，卻因此導致基層勞工被解僱。從情感上確實會覺得這樣非常不公，但從現實的角度，為了確保整體公司的存續與保障多數勞工的工作權來說，這個見解可能是不得已的作法。

以虧損為由解僱勞工應該針對虧損部門

是否有「虧損」必須針對企業整體來加以觀察，而不只是觀察單一部門。更重要的是，法院指出，如果事業單位整體虧損，但是特定部門其實有盈餘，而且勞工並非這個單位的冗員，那也不得以「虧損」為由解僱這個勞工。

重要法院見解：
最高法院95年度台上字第2716號判決

企業是否虧損，雇主得否以此原因片面終止與受僱人間之僱傭契約，**當以企業整體之營運、經營能力為準**，而非以個別部門或是區分個別營業項目之經營狀態為斷。**受僱人所服務之個別部門若有盈餘，且受僱人並非該部門之多餘人力**，企業全體之虧損即與該部門無涉，雇主自不得以企業虧損為由解僱該盈餘部門之員工。

上述這個判決的案例事實是雇主以虧損為由解僱勞工，雇主可以提供企業整體自89年至92年7月期間確實有嚴重虧損之情形。但勞工認為雖然公司整體虧損，但他所屬的廠區近年皆有盈餘，並沒有虧損的問題，因此主張解僱無效。

　　最高法院便指出，雖然公司整體確實有虧損，但被解僱勞工所屬單位仍是有盈餘的，那原則上還是不可以用「虧損」這個事由來解僱勞工。

　　那如果被解僱的勞工所屬部門並無虧損，但這個勞工是冗員呢？個人認為應該可以解僱，但解僱事由不是「虧損」，而是依個案情況適用「業務緊縮」或是「業務性質變更」加以處理。

4.「業務緊縮」

「業務緊縮」的意義

　　所謂的「業務緊縮」是指：「雇主在相當一段期間**營運不佳，生產量及銷售量均明顯減少**，其整體業務應予縮小範圍而言。至雇主所營事業因生產方式之改變或營業方向調整，其局部單位工作減少，人力可予裁減，尚非屬業務緊縮之列。」（最高法院98年度台上字第1821號判決）

　　依循法院的思路，「業務緊縮」必須是基於**長期營運不佳而導致產量或銷量減少**，因此為了調整生產量和銷售量所進行的人力變動。公司未必會因為產量或銷量減少而有虧損，但必定要有人力調整的必要，才可以用「業務緊縮」解僱勞工；另一方面，如果雇主沒有營運不佳而只是單純在經營策略上進行調整，那麼應該屬於第4款「業務性質變更」的範疇，而不是「業務緊縮」。

　　另外，「業務緊縮」必須**整體性地加以觀察**，如果只是一部分的業務緊縮，但其他部分的經營仍正常運作，那麼也不符合「業務緊縮」這個事由。這部分可以參考最高法院100年度台上字第2024號判決：「以業務緊縮為由，預告勞工終止勞動契約者，必以雇主確有業務緊縮之事實，而無從繼續僱用勞工，始足當之，**倘未產生多餘人力，或僅一部歇業**，而他部門依然正常運作，

甚或業務增加，仍需僱用勞工時，即不得依上開規定終止勞動契約。」

「業務緊縮」不能只是一時間的營運起伏

　　和「虧損」這個事由一樣，法院強調雇主要以「業務緊縮」為理由解僱勞工必須是「客觀上持續相當期間」之後才可以進行解僱；如果只是因為一時之間的經營問題，例如短期內接單量下滑，那麼還是不能以此解僱勞工。

重要法院見解：
最高法院106年度台上字第2648號判決

按雇主依勞基法第11條第2款之業務緊縮為由，固得預告勞工終止勞動契約，惟本諸勞基法保障勞工權益及加強勞雇關係之旨趣，仍應以相當時間持續觀察，從雇主之事業單位近年來營業狀況及盈虧情形綜合加以判斷，自客觀上觀察其整體業務是否有應予縮小範圍之情形及必要。**如僅短期營收減少或因其他一時性原因致收入減少，而不致影響事業之存續，或僅一部業務減少而其他部門依然正常運作仍需勞工者，尚不得遽認其得預告勞工終止勞動契約，以避免雇主僅因短時間業務減縮或適逢淡旺季，生產量及營業額發生波動起伏，即逕予解僱勞工之失衡現象。**

　　上述判決的案例事實是雇主以「業務緊縮」為理由解僱勞工，且雇主能夠提供一年來接單量、進貨量、總營收皆實際下滑的具體證明，因此二審時法院認為解僱合理而判決勞方敗訴。

　　但最高法院最終卻認定理由不充分，原因在於雇主在股東常會會議記錄中提供的「營業報告」中說明，**接單量減少之原因是因為接單排擠作用、日幣貶值及臺灣需求漸減，營收額則是因業主延後出貨而受影響**，法院認為「均屬一時因素所致營業數額之起伏」。雇主在該報告中認為對於日後發展呈現樂觀，也沒有任何縮減規模的計畫，且更重要的是，雇主實際上已經開始轉虧為盈。[13]

　　上述種種跡象讓最高法院懷疑雇主的營業狀況是否真的有受到長期的影響，而必須要縮減規模、解僱勞工，因而決定廢棄二審法院的判決。

　　回到「業務緊縮」原則上需要維持一定期間這件事，與前述討論「虧損」時一樣，如果平時經營狀況良好，但突然遇到金融海嘯這種劇烈的景氣變動而影響到產量與銷量，雖然期間可能不算長，但筆者認為雇主若能夠舉證產量與銷量確實有**鉅額縮減**的情況，而且雇主已經試圖利用如無薪假等措施來避免解僱而仍舊無效，此時，雇主應該還是能夠以「業務緊縮」為由解僱勞

13.連股東報告都會被拿來當證據，怕了吧。

工。但要這麼作之前，也請雇主仍舊務必優先採取例如「優離優退方案」這種合意終止勞動契約的方式來處理，並諮詢專業律師進行評估。

「業務緊縮」和「業務性質變更」的區分

「業務緊縮」容易和第4款的「業務性質變更」產生混淆，就連筆者在看個案時也必須審慎檢視才能確定該用哪一款。但整體來說，**「業務緊縮」是以經營不佳而影響到產量銷量為前提**，那麼雇主必須提供營業表現方面的證明，包含產量銷量與營收等等。

而「業務性質變更」則是**基於企業經營決策上的需求而對人力進行調整**，與營運好壞較無直接關聯，但也因為雇主的經營狀況未必不好，只是因為經營決策的因素而要解僱勞工，這時雇主便要有非常堅強的理由來說服法院「為什麼做這個決策需要解僱勞工」。

比方說企業要結束某個分店，如果是因為一定期間營業表現衰退的因素導致要讓分店收攤，那麼應該是以「業務緊縮」為事由來解僱勞工；如果只是雇主經營策略上的調整，營業表現上比較沒有明顯的下滑，例如因為分店的房租被房東調高因此決定結束經營，那會偏向是「業務性質變更」。然而，後面這種以「業務性質變更」為理由而解僱勞工的狀況，雇主要有更堅強的理由來證明人事調整的必要性，法院的把關會更加的嚴格。

　　與「業務緊縮」和「業務性質變更」的區分有關的
判決，筆者個人認為以下述判決最具指標性：

重要法院見解：
最高法院100年度台上字第1057號判決

按勞基法第十一條第二款所謂「業務緊縮」，係指雇
主在相當一段時間營運不佳，生產量及銷售量均明顯
減少，其整體業務應予縮小範圍而言，**與雇主之財務
結構及資產負債情形無必然之關係**。至雇主基於經營
決策或為因應環境變化與市場競爭，改變經營之方式
或調整營運之策略，而使企業內部產生結構性或實質
上之變異，乃屬「業務性質變更」之範疇，而非「業
務緊縮」，如因此須減少人力，亦不得以業務緊縮為
由向勞工終止契約。

　　這個判決是某購物頻道以「業務緊縮」為由解僱
了該頻道的購物專家，二審本來判決雇主勝訴，勞工因
而上訴三審。最高法院指出雇主聲稱解僱是因應市場競
爭而調整了播出方式，針對現場直播和播帶節目進行調
整，最高法院認為這根本不是「業務緊縮」而是「業務
性質變更」，而且既然營業表現上面實際上無明顯減少
或下滑之現象，所以認定二審判決有誤而發回廢棄。

　　再舉一例，最高法院95年度台上字第2716號民事判

決中，雇主解僱勞工時的依據是「公司財務會計業務電腦化完成，業務量縮減，人力過剩」，簡單來說就是因為引進新技術，以後不需要那麼多人來當會計，所以用「業務緊縮」解僱勞工。但法院指出：「並非公司因相當期間營運不佳，生產量及銷售量減少，致其整體業務縮小範圍，核與上揭規定『業務緊縮』尚屬有間。」所以這個案子中雇主也是誤解了解僱事由的意思，雇主所依據的事實根本不是「業務緊縮」而是「業務性質變更」，用錯解僱事由解僱也就當然無效。

總之，若雇主要動用「業務緊縮」，請先確定是否有營業表現下滑之類的具體事證；如果與營業表現無關的經營決策方面的問題，原則上都是「業務性質變更」的範疇，而且該款會更加嚴格。

5. 不可抗力暫停工作在一個月以上

「不可抗力」的意義

勞基法第11條第3款「不可抗力暫停工作在一個月以上」大概是11條中最為明確的解僱事由。

首先，法律上的「不可抗力」是指「人力無法抗拒之事由」，主要是颱風、地震等天災所造成事業單位不能運作的狀況。

相對地，例如接單不順、原料來不及供應，或是被主管機關勒令停工等等都不是「不可抗力」，因為這些問題都是可以透過管理手段來加以避免的，屬於雇主本來就要承擔的經營風險。因此即便因為這些因素導致暫停工作，雇主也不能依據第3款終止勞動契約。

舉例來說，如果企業因為發生重大工安意外而被勒令停工，我們認為雇主本來可以好好規劃公司的安全衛生來避免被停工，因此雇主被停工是咎由自取，不能說是「不可抗力」。

另外要提醒，本款是指雇主因為不可抗力因素而停止營運，而不是指勞工因不可抗力因素而不能工作，過去就曾經發生過對此產生誤解的案例。

重要法院見解：
臺灣臺北地方法院95年度勞訴字第59號判決

其中關於勞動基準法第11條規定第1款至第4款事由，通說咸認係屬雇主以企業經營困難所生解僱事由，即前述第1類之解僱事由，是該條第3款所稱「不可抗力暫停工作在一個月以上」者，**一般係指由外部而來，異於尋常且為人力所無法抗拒之事由，致雇主無法繼續經營而有暫停勞工工作之必要者言，若係因勞工個人事由所引起者，當非本條款所規範範圍。**

　　該案中，勞工因為連續曠職三日遭雇主解僱，勞工認為之所以發生曠職是因為那一陣子勞工發生精神分裂的狀況（正式病名應稱之為解離性身分疾患），屬於「不可抗力」因素導致他暫停工作，因此認為可以要求雇主給付資遣費。但法院依上述判決說明第11條第3款是指雇主無法繼續經營，而非勞工因個人事由不能工作，勞工自己誤會法條的意思因此受到敗訴判決[14]。

14.但如果真的是疾病因素導致他曠職，如果勞工事後有趕快回報公司，公司未必能說勞工「無正當理由」曠職。

6. 業務性質變更，有減少勞工之必要，又無適當工作可供安置時

　　第11條第4款「業務性質變更」大概是解僱事由中解釋範圍最寬、運用範圍最廣的解僱事由，原則上基於經營管理上的需求，不管是技術更新、經營決策改變、組織變革等等，均可發動本款事由解僱勞工。

　　但也因為本款事由在前端放得極度寬鬆，所以法院會強烈要求雇主證明「為什麼這個決策非得要解僱勞工？」，所以在審查「解僱最後手段性原則」的時候法院也會非常嚴格。因此，人資千萬別以為可以以「業務性質變更」隨意解僱勞工，本款事由反而是最為嚴格的。

「業務性質變更」是甚麼意思？

　　法院對於甚麼叫做「業務性質變更」給予非常廣泛的解釋空間，針對「業務緊縮」和「業務性質變更」的區分，請見前文的說明。

重要法院見解：
最高法院98年度台上字第652號判決

次按雇主依勞基法第十一條第四款關於「業務性質變更，有減少勞工之必要，又無適當工作可供安置時」之規定，預告勞工終止勞動契約，**因該款所謂「業務性質變更」，除重在雇主對於全部或一部分之部門原有業務種類（質）之變動外，最主要尚涉及組織經營結構之調整，舉凡業務項目、產品或技術之變更、組織民營化、法令適用、機關監督、經營決策、預算編列等變更均屬之**，故解釋該款末句所稱之「無適當工作可供安置時」，為保障勞工之基本勞動權，加強勞雇關係，促進社會與經濟發展，防止雇主以法人之法律上型態，規避不當解僱行為之法規範，杜絕雇主解僱權濫用之流弊，自可將與「原雇主」法人有「實體同一性」之他法人，亦無適當工作可供安置之情形併予考慮在內，即「原雇主」法人與另成立之他法人，縱在法律上之型態，名義上之主體形式未盡相同，但該他法人之財務管理、資金運用、營運方針、人事管理暨薪資給付等項，如為「原雇主」法人所操控，該他法人之人格已「形骸化」而無自主權，並有適當工作可供安置勞工，二法人間之構成關係顯具有「實體同一性」者，均應包括在內，始不失該條款規範之真諦，庶幾與誠信原則無悖。

　　依據法院的見解，不管是公司整體或部分的業務項目調整，組織結構調整、產品技術改變、民營化、法令適用、機關監督、經營決策、預算編列而導致需要解僱勞工，都可以運用本款事由來解僱勞工。

　　但也因為這個解釋實在是太寬鬆了，所以法院同時指出，為了要防止雇主可以隨意地以經營決策為由運用這款事由來解僱勞工，所以雇主必須要說明為什麼這些決策必然導致「有減少勞工之必要」，也必須證明「無適當工作可供安置」因此不得以才解僱勞工，這其實就會連結到之後要說明的「解僱最後手段性原則」。

　　運用本款時，雇主必須要有堅強、正當的理由來說服法官「為什麼這個決策一定要解僱勞工？」如果無法說服法官也會導致解僱無效，例如下列判決。

重要法院見解：

臺灣高等法院94年度勞上字第21號民事判決

是否屬於業務性質之變更，應判斷是否係企業生存所需，並考量工商發展與勞動市場之條件與變化，在必要與合理程度內所為之變更而言。經查，被上訴人係以產品推廣工作將委由人力派遣公司所提供人員為之，因此終止兩造之契約，有被上訴人所寄發予上訴人之終止函在卷可稽（本院卷(二)第224-235頁），且為兩造所不爭執，堪信為真實。**本件被上訴人公司僅變更推廣人員之派遣方式而已，即本由被上訴人公司直接僱用派遣至各大賣場工作之情形，改由委由人力派遣公司僱用人員為之，其組織結構、生產技術、經營決策、產品行銷方式等均未變更，難認業務性質有所變更**；且若認此種人員派遣方式之改變係屬業務性質變更，如此一來，任何公司均可以此種方式解僱勞工，而逃避其責任，其不當之處，不言可喻；**況被上訴人於91年6月22日-24日，連續3日在中國時報刊登廣告徵求商品推廣人員，有報紙廣告在卷可參（本院卷(二)第270-272頁），足見被上訴人不僅無減少勞工之考量，反而有增加產品行銷人員之必要性**，是被上訴人抗辯因業務性質變更而有減少勞工之必要，其將上訴人解僱係屬合法行為云云，應非可採。

　　這個案例中，雇主主張基於經營決策改變，因此把原本直接聘用的勞工改由派遣公司處理，但法院認為這種方式根本就是逃避雇主責任，本來就不可取；另一方面，雇主在解僱這些勞工的同時還在徵求新人，當然就無法說服法官「真的是無可避免必須解僱勞工」。

「勞工安置義務」的範圍包括關係企業

　　要去向法官說明「真的是不得不解僱勞工」，其實就是第七章要討論的「解僱最後手段性原則」的概念，雖然勞基法中只有第11條第4款有規定「有減少勞工之必要，無適當工作可供安置」，但解釋上所有的解僱都必須要考量「有沒有轉圜餘地」、「可以不解僱勞工」。一般來說是看公司有沒有其他職缺、有沒有比較輕的處置、讓員工改善的機會等等。關於「解僱最後手段性原則」的說明請見本書第七章。

　　所有的解僱都必須要考量「解僱最後手段性原則」的問題，但第11條第4款因為給雇主的空間相對最大，因而審查「解僱最後手段性原則」時也會最嚴格。

　　同樣是前面舉出的最高法院98年度台上字第652號判決，法院認為公司有一些管理上的需求必須解僱勞工，但是，雖然你這間公司沒有適當工作可以安置勞工，但關係企業未必沒有。雇主必須要在整個可以控制的關係企業中尋找有沒有適當的職缺可以安置勞工，如果沒做

到這點，還是不符合第11條第4款的規定。

　　因此再提醒讀者，請不要誤以為本款最寬最好用就濫用本款解僱勞工，事實上法院在審查本款事由時會是最嚴格的。

7. 勞工對於所擔任之工作確不能勝任時

乍看之下，勞動基準法第11條第5款從字面上來說相當清楚，白話來說就是指勞工對於工作「做不來」，但事實上並沒有那麼簡單。

筆者要先考考讀者，假設有勞工上班時時常偷滑手機、逛網拍，被確認有嚴重推諉卸責、怠惰的狀況，雇主要解僱這名勞工，應該依據勞基法的哪一條、哪一款來解僱勞工？

如果你對這個問題的答案不加思索地回答勞基法第12條第1項第4款「違反勞動契約或工作規則，情節重大者」的話，那你的解僱可能就會違法！

最容易混淆的解僱事由——「勞工對於所擔任之工作確不能勝任時」和「違反勞動契約或工作規則，情節重大者」

勞動基準法第11條第1款到第4款都是因為**雇主經營方面的問題**而需要解僱勞工，是雇主造成必須要解僱勞工的「結果」，那麼理當要對勞工負起一定責任，所以法律規定雇主要向勞工預告並且給予資遣費，這點相當清楚明瞭。

相對來說，勞基法第12條第1項所規定的各種解僱

事由則是因為**勞工自身的問題**而導致雇主必須要解僱勞工，被解僱勞工算是咎由自取，因此雇主當然不需預告，也不用給予資遣費。

麻煩的地方就在於，勞動基準法第11條第5款卻不是基於雇主的經營因素，而是勞工自己的表現問題，這時候就有可能會跟勞基法第12條產生混淆，尤其是第12條第1項第4款「違反勞動契約或工作規則，情節重大者」。

因此，關鍵的問題是：「**第11條第5款和第12條第1項第4款，兩者之間要如何區分？**」

如果從字面上的意思來看，大部分的人都會認為勞基法第11條第5款所謂的「勞工對於所擔任之工作確不能勝任時」，應該是指「工作能力」的問題，更進一步地說，就是勞工「**主觀上雖然想要把事情做好，但客觀上沒有能力做好**」這種情形。

而像上面筆者提到的那種偷懶、推諉卸責的情形，也就是勞工「**客觀上可以把事情做好，但主觀上不願做好**」，一般人多半會以為這種狀況是第12條第1項第4款所要處理的。

但非常抱歉，我國的法院見解一直認為，**無論是勞工客觀能力不好而「做不來」，又或者是「有能力做好但不願意做好」的態度問題，**都屬於第11條第5款所謂的工作能力不能勝任，因此必須採取資遣而非懲戒解僱。

請看以下判決。

重要法院見解：
最高法院80年台聲字第27號裁定

在認定勞基法第十一條第五款所規定勞工對於其所擔任之工作是否「勝任」時，應從積極面與消極面加以判斷，勞工之工作能力、身心狀況、學識品行等固為積極客觀方面應與考量之因素，**但勞工在主觀上「能為而不為」、「可以作卻無意願」之消極不作為情形，亦係認定勞工勝任工作與否不可忽視之一環。**

重要法院見解：
最高法院96年台上字第2630號判決

又同法第十一條第五款規定，勞工對於所擔任之工作確不能勝任時，雇主得預告勞工終止勞動契約，揆其立法意旨，重在勞工提供之勞務，如無法達成雇主透過勞動契約所欲達成客觀合理之經濟目的，雇主始得解僱勞工，其造成此項合理經濟目的不能達成之原因，**應兼括勞工客觀行為及主觀意志**，是該條款所稱之「勞工對於所擔任之工作確不能勝任」者，**舉凡勞工客觀上之能力、學識、品行及主觀上違反忠誠履行勞務給付義務均應涵攝在內**，且須雇主於其使用勞基法所賦予保護之各種手段後，仍無法改善情況下，始得終止勞動契約，以符「解僱最後手段性原則」。

　　依據法院的見解，無論勞工是「客觀上」真的做不來，還是「其實做的來，但主觀上不願意做」（偷懶、懈怠），對於法院來說都是勞動基準法第11條第5款「工作能力不能勝任」的範疇。這就是我所說的，法律解釋與人民認知上有相當程度落差，若不加以深入理解就會產生許多的誤解和誤用。[15]

　　為什麼法院會認為勞工主觀怠惰、推諉卸責是「工作能力不能勝任」，而非「違反勞動契約或工作規則」呢？筆者猜想，原因可能是從法院的角度，假設一個被雇主指控推諉卸責的勞工站在法官前面，法官所能檢視的就只有這個勞工客觀上到底有沒有把事情做好，很難進一步去檢視事情沒有做好的原因，究竟是這個勞工是客觀工作能力不佳，還是內心在偷懶。要去判斷一個人的主觀意圖是非常困難的問題，那麼就全數歸類在「工作能力不能勝任」或許會是比較簡單的方式。

　　這時一定會有讀者覺得法院根本不食人間煙火，「如果有個勞工打混到嚴重影響公司運作了，那為什麼解僱他時還要給資遣費？」其實也不是如此。

15.對於法院將「客觀」和「主觀」都列入第11條第5款「工作能力不能勝任」，學者有非常多的批評。但是本書的目的主要仍是實務應用，因此對於學者見解就不深入探討。有興趣的讀者可以參考鄭津津教授的論著：鄭津津，「勞工確不能勝任工作」爭議問題之研究－評最高法院95年度台上字第1866號判決，載於：「終止勞動契約」，元照，頁81至109，2019年7月。

　　按照目前的實務的解釋方式，在勞工「主觀上不願意做好」這種狀況下，第11條第5款和第12條第1項第4款兩者其實只是「程度上有差異」，關鍵是後者條文中所謂的「情節重大」四個字。

　　勞基法第11條和第12條最大的差異，說穿了就是雇主要不要預告和勞工有無資遣費的問題。如果勞工的行為客觀上符合法條中所稱的「情節重大」，那麼雇主就能用第12條第1項第4款解僱勞工並剝奪勞工的資遣費；反之，如果情節並非重大，則應該依據第11條第5款加以處理。這部分可以參考下述判決：

重要法院見解：
臺北地方法院96年度勞訴字第152號

又雇主為維護企業內部秩序，對於不守紀律之勞工得以懲處，而懲戒手段中，以不經預告之解僱所導致之後果最為嚴重，當屬憲法保障工作權之核心範圍，因此在合理範圍內，雇主捨不經預告解僱而採用對勞工權益影響較輕之措施，應符合憲法保障工作權之價值。而比較勞基法第11條第5款經預告解僱規定所謂「工作確不能勝任」，及第12條第1項第4款不經預告解僱所稱之「違反勞動契約或工作規則，情節重大」，二者於勞工對所任事務消極怠惰不依雇主指揮監督之場合，規範意旨相同不易區分，**其如何適用，**

> **應視勞工違規情節之嚴重程度而定。**是勞工對所任事務消極怠惰，不依雇主指揮監督，有違勞動契約或工作規則，雖已至必須解僱始能維護企業內部秩序之程度，**惟如其嚴重程度尚未導致資遣費之給付明顯不正當，其急迫情形亦不致期待雇主遵守預告期間成為不可能者，本於保障勞工權益之意旨，應認雇主僅能依勞基法第11條第5款所定預告終止勞動契約並給付資遣費之方式，解僱勞工，尚不能依同法第12條第1項第4款規定，不經預告而逕行終止勞工之勞動契約。**

　　在這個判決的個案中，勞工因為有抗命、怠惰、對主管不當言詞等問題遭到雇主以勞基法第12條第1項第4款「懲戒解僱」；勞工方則認為雇主解僱違法，故依據勞基法第14條第1項第6款主張「被迫離職」，並提起本訴訟向雇主請求給付資遣費。

　　法院最終判決勞工勝訴，主要理由就是上述引用的判決理由，雇主須以勞工行為之情節重大與否為基礎來判斷，如果勞工的行為沒有情節重大、急迫到必須非得立即終止勞動契約、剝奪資遣費，那雇主最多就只能依據勞基法第11條第5款加以資遣。

　　那這麼說來，是否代表「無論情節是否重大雇主都能解僱勞工，只是適用不同條文而已？」事實上並非如此。

　　因為如果情節並非重大而動用第11條第5款，那在檢視第二階段「解僱最後手段性」時就會較為嚴格的控制，雇主必須要證明已經用盡各種手段、讓勞工有改善的機會卻仍然無效，否則解僱還是會被宣告無效。

　　所以歸納目前實務運作的邏輯，將如下圖所呈現的。

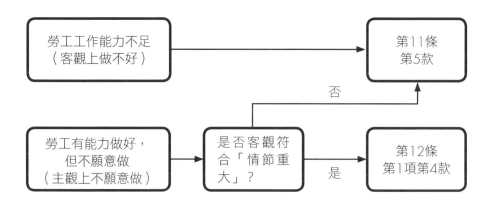

　　這時候就必須要提醒讀者，第12條第1項第4款所說的「情節重大」不是「雇主覺得重大」，而是「法院覺得情節重大」。法院對於甚麼叫做「情節重大」有一套審查的標準，我們後續會加以介紹。因此，有一些雇主會在工作規則裡面規定「如果勞工有○○○之行為，視為情節重大」，實際上在法院審理時沒有太大的意義，因為法院還是會依照自己的標準來看具體的個案，究竟有沒有「情節重大」。

　　另外再提醒，有些公司會把客觀工作能力的問題偷渡到工作規則中，例如規定「連續三個月業績未達標，視為違反工作規則情節重大」。這種規定也是沒有效的，因為自始至終這都是工作能力的問題，毫無疑問就是應該以第11條第5款加以處理。

本章重點整理

★「歇業」

✓是指事業「全部」永久性不再經營，不包含「部分歇業」。

✓注意大量解僱問題。

★「轉讓」（另注意企業併購）

✓企業的法人人格如果沒有變動，不構成轉讓。

✓注意商定留用權的操作。

★「虧損」

✓必須是「長期」、「相當程度」的入不敷出，且不區分業內或是業外損失。

✓以解僱虧損單位勞工為原則。

★「業務緊縮」

✓是指生產量或銷售量減少導致要解僱勞工，與財務狀況無直接關聯。

✓必須是長期性且明顯地產銷數量變動。

★「不可抗力暫停工作在一個月以上時」

✓必須是天災等等雇主完全不可控制的事件，才是不可抗力。

★「業務性質變更」

✓是指企業經營方針或決策等等的變動造成需要解僱勞工。

✓法院審理本款事由會非常嚴格，雇主必須證明這個決策為何非得解僱勞工，同時也得證明已盡力避免解僱勞工。

★「工作能力不能勝任」

✓包括客觀上的「工作能力問題」與主觀上「工作態度問題」都是本款的涵蓋範圍。

✓主觀「工作態度問題」原則上應適用本款加以資遣，但如果符合情節重大的概念時，可以用勞基法第12條第1項第4款開除。

第六章

懲戒解僱事由逐款解析

　　這個章節中，我們將針對勞動基準法第12條第1項當中的各種解僱事由加以說明。相對於第11條文字的模糊與複雜，第12條第1項的規定會比較容易理解，但是還是有必須注意的地方。

　　在講解的順序方面，我們不依法條順序，而是從第4款的「違反勞動契約或工作規則，情節重大者」開始講起。

1. 違反勞動契約或工作規則，
情節重大者

　　之所以要從第4款開始講起，主要的原因是第4款「違反勞動契約或工作規則，情節重大者」大概是第12條第1項當中最常運用的解僱事由。除了第3款「勞工要入監服刑」之外，第12條第1項的其他事由多半都會在工作規則中有所規定，例如勞工毆打同事，只要工作規則裡有明文規定，那麼發生這種狀況的時候雇主就可以同時依據第12條第1項第2款和第4款解僱勞工。

　　由此可知，第4款實際上是第12條第1項各款的核心。雖然多數見解認為每個解僱事由都是各自獨立、分別判斷，但筆者個人認為某種程度來說，第4款大可以被認定是第12條第1項解僱事由中的原則性、概括性的規定。

　　深入理解第4款也可以協助讀者掌握解僱的法制邏輯。我們再三強調，我國的法律就是希望只有在「萬不得已」的狀況下才可以解僱勞工，因此，即便今天勞工做錯了某些事情，但如果不是「嚴重到一定的程度」，那麼雇主仍舊不得解僱勞工，這個嚴重程度就是法條中所稱的「情節重大」，也就是整個解僱法理的核心精神。

需為勞動契約或工作規則中所明定之事項方可懲處

首先，要以勞工違背勞動契約或工作規則對勞工進行懲處，甚至解僱，當然必須以勞動契約或工作規則中有規定存在為前提。如果規範根本不存在，勞工也不可能有違反的問題，雇主更加不可能因此懲處或是解僱勞工。

曾有人資夥伴詢問過筆者，有年輕的女性同事在工作之外擔當直播平台的業餘直播主，某日上班時在中午午休的時候開直播，但是沒有拍到公司的內部，公司是否可以對這種行為加以懲處呢？遇到類似問題我總是先問，公司對於這個行為是否在勞動契約或工作規則有所規範和限制？如果沒有的話，那麼原則上就不能加以懲處了。

以下舉一個因為工作規則規定的不夠確實而被法院認為解僱無效的例子。

> **重要法院見解：**
> **臺灣臺北地方法院107年度重勞訴字第46號判決**
>
> 另被告雖辯稱：被告重視員工之誠信及道德，工作規則要求員工應確保正直及誠信，以符合高道德標準，否則可能立即解僱，原告亦接受職業操守規章及道德規章之培訓，瞭解違反規定將受解僱處分等語，並提出工作規則第12章第6條規定及原告簽署之職業操守規章暨道德規章確認書為證（見卷第313頁之被證21、第315頁之被證22），然工作規則第12章第6條是關於「不當利益輸送」之規定（包括員工索賄或接受他人不當利益輸送），**職業操守規章暨道德規章確認書則無具體內容，均難據以認定原告之行為如何違反其規定且情節重大。**

　　這個案子是精品品牌主張勞方身為經理，卻藉由職務上的機會辦理退稅牟利，又以員工折扣價買到一折的瑕疵品再以原價向公司退貨而侵吞退款，因此雇主以勞方違反勞動契約和工作規則情節重大為由解僱勞工。

　　從常人的角度來看這個案子多半會覺得勞工做了這種事情，應該可以解僱吧？但法院審理的結果卻出人意料地判決勞工勝訴[16]。

---

16. 這個案子筆者個人認為疑點還很多，雖然勞方一審勝訴，但看起來還是有翻盤的機會，但不妨礙我們參考法院的觀點。

　　判決內容與理由其實有些複雜，但關鍵就是「雇主拿來解僱勞工的工作規則條文，實際上都無法對應到勞工的違規情形」，那麼當然不能夠認為勞工違反工作規則情節重大！

　　以筆者擷取的這段來說，法院便指出雇主以訂定的「職業操守規章暨道德規章確認書」來當作勞工違規的依據，但這個確認書中並沒有具體內容，無法拿來認定勞工有違規且情節重大。沒有規範，勞工又怎麼會有違反規範的問題呢？

　　舉上述這個案子其實就是在提醒雇主和人資從業人員勞動契約和工作規則的重要性。很多人以為勞動契約和工作規則只限制了勞工，事實上並非如此，**勞動契約和工作規則同時也拘束雇主**，因此雇主也不可以逾越勞動契約和工作規則所設下的界線，對於沒有規範的事情動用管理權。

　　勞動契約和工作規則的設計實際上就是考驗人資的專業能力，規範的不夠周延、文字不夠精確，就會產生漏洞；相對地，規定太繁雜、太瑣碎，又會造成管理上的困擾。其中要如何拿捏平衡點並不是一件簡單的事情，也是我們的專業能力之所在。

　　當然，筆者必須提醒，即便在勞動契約和工作規則中有進行規範，但在發生勞資爭議而進行訴訟時，法院仍舊會審查勞動契約和工作規則的規範是否合法及合

理，並不是完全雇主說了算。例如雇主在勞動契約中規定勞工下班後要自願留下來整理環境，如果雇主用這條來懲罰不願配合的勞工也是不可以的，因為這種規定本質上就屬於違法的規定，法院根本不會採納。

勞動契約和工作規則不能不訂，更不能亂訂，如有需要請尋找專業的勞動法律師協助企業建立合法、合理的規章。

不夠重大不能解僱——「情節重大」的判斷標準

一般來說，勞動契約和工作規則的規定少則數十條，多的時候甚至可以達到數百條。像筆者以前在銀行工作時，因為金融業規範十分嚴謹，所以除了公版的工作規則之外，還有業務人員工作守則、保密規範、交易SOP等等數不完的規定。

規範越多，受規範者違規的機會就越大，但並非違反任何一個規定雇主都能解僱勞工，仍舊必須看勞工的行為是否「嚴重到雇主必須立刻解僱勞工，除此之外已別無他法」的地步，法條之中就是用「情節重大」這四個字來說明這樣的狀況。

我們在上個章節解釋第11條第5款「工作能力不能勝任」時已經說過了，法院目前對於第11條第5款和第12條第1項第4款之區分，是以「情節是否重大」為判斷基

準，也更加凸顯「情節重大」這個概念的重要性。

　　這時同樣的問題又來了，甚麼是「情節重大」？這是個感覺很清楚但事實上相當模糊的概念。什麼樣的狀況可以稱之為「情節重大」絕對不是以雇主自己的主觀感覺，而必須參酌法院的觀點，以客觀的方式來判斷。

重要法院見解：
最高法院95年度台上字第2465號判決

勞基法第十二條第一項第四款規定，勞工有違反勞動契約或工作規則，情節重大者，雇主得不經預告終止契約。所謂「情節重大」，係屬不確定之法律概念，**不得僅就雇主所訂工作規則之名目條列是否列為重大事項作為決定之標準**，須勞工違反工作規則之具體事項，**客觀上**已難期待雇主採用解僱以外之懲處手段而繼續其僱傭關係，且雇主所為之懲戒性解僱與勞工之違規行為在程度上須屬相當，方符合上開勞基法規定之「情節重大」之要件。則勞工之**違規行為態樣、初次或累次、故意或過失違規、對雇主及所營事業所生之危險或損失、勞雇間關係之緊密程度、勞工到職時間之久暫等**，均為是否達到懲戒性解僱之衡量標準。

重要法院見解：
最高法院104年度台上字第218號判決

按勞工違反勞動契約或工作規則，情節重大者，雇主得不經預告，終止勞動契約，勞動基準法第十二條第一項第四款定有明文。所謂「情節重大」**應以勞工之職務及其違規行為態樣、初次或累次、故意或過失違規、對雇主及所營事業所生之影響、勞雇間關係之緊密程度**，是否達到懲戒性解僱作為衡量標準，**非以雇主曾否加以告誡或懲處為斷。**

　　上述援引的兩個法院見解是我國法院針對「情節重大」的判斷標準長期形成的共識，有幾個重點必須注意。

　　首先還是那句話，「雇主認為很重大，法院不一定會認為很重大」。

　　舉例來說，假設雇主規定「遲到三次視為違反工作規則情節重大，一律解僱」，這種規定即便白紙黑字寫在工作規則中法院也不一定會認同這就是嚴重行為，法院仍舊會以客觀的角度檢視「遲到三次」到底有沒有嚴重到要立刻解僱勞工，一般來說，只是遲到三次當然不會構成「情節重大」。

　　而是否為「情節重大」到底要怎麼判斷呢？法院說要以下列標準綜合考量：

（1）勞工之職務與違規行為態樣；

（2）初次或累次；

（3）故意或過失違規；

（4）對雇主及所營事業所生之危險或損失；

（5）勞雇間關係之緊密程度；

（6）勞工到職時間之久暫。

筆者個人認為上述標準以(1)、(2)、(3)最為重要，尤其是(1)，相對之下，筆者認為(4)、(5)、(6)就屬於次要標準，而且有點模糊。

在判斷勞工的行為情節輕重時，首先要看「**勞工的職務是什麼？**」而勞工的行為「**有無違背這個職務的核心？**」這是最為關鍵的判斷要素。

舉個例子，公司都會有一些文具，假設勞工偷拿了一枝價值十元的筆回去自己用，這當然是個不該做的行為，但是我想多數人會覺得情節並非重大；但假設這間公司是文具製造商，而勞工擔任負責倉儲、管理筆的數量的職務，而他借職務之便偷拿了筆，這時，我想多數人應該會認為違規行為的情節比前者嚴重許多。

為什麼？

同樣是對雇主產生了一枝筆的損失，根本微不足道，但為什麼我們會覺得後者的行為比較嚴重呢？差別

在於勞工的核心職務就是要負責保管筆的數量，而偷拿筆的這個行為則違背了他的工作的核心職責。雇主賦予這個勞工的職責就是希望勞工管理好筆的數量，勞工卻直接違背了他的核心義務，因此判斷上就會認為這是相對嚴重的問題。

如果勞工違背了雇主賦予他最重要的職責，那麼就會加重行為情節的嚴重程度；相對地，勞工違規的行為只是違背次要的職責，那麼違規情節的評價自然就會比較輕。

另外，(2)和(3)也是相對重要且明確的標準。勞工究竟是初犯還是累犯，累犯當然會被認定較為嚴重；勞工究竟是故意的還是過失的，故意當然會比較嚴重。一般來說，**如果勞工是過失的話多半就不會被認定是情節重大**，而會要求雇主透過懲戒、再教育、給予改善機會等等來取代直接解僱。

比較麻煩的是(4)，如果勞工的行為已經對雇主造成實際的損害，當然就非常地明確。但在勞工的行為尚未造成實際損害時，到底對於雇主產生了多大的影響就容易流於見仁見智，此時會需要雇主額外地舉證加以說明，但很多時候損失金額大小並非考量情節輕重的關鍵要素。

最後，(5)和(6)這兩個指標筆者個人覺得過於模糊，一般而言，勞工如果與雇主較緊密而具有高度信賴，那

勞工做錯事情就會被認定比較嚴重；而勞工如果在職時間不長而做錯事情，一般會認為雇主應該多給機會改善；相對之下，如果勞工已經工作很長一段時間，就自然應該要熟知什麼事情該做，什麼事情不該做，因此不能辯稱自己「不清楚規範」。

法院認為勞工做錯事情是否符合情節重大，應該從上述六個角度來加以檢驗並綜合判斷。人資在檢視完這六點之後捫心自問，假設仍然無法肯定地說個案「情節重大」，那筆者建議還是先以其他的懲戒手段進行處置，不要輕易做出解僱處分。

累積三大過未必能說是情節重大

雇主多半會在工作規則中規定，勞工如果做了某些行為會受到懲處的結果，情節從輕微到嚴重，可能受到申誡、小過、大過，甚至最嚴重會因此被解僱。那麼，公司是否可以在工作規則中明文規定「累計滿三大過予以解僱」呢？對於這個問題可以參考下列判決：

重要法院見解：
臺灣高等法院91年度勞上字第58號判決

又勞工違反勞動契約或工作規則，情節重大者，雇主得不經預告終止契約，勞動基準法第十二條第一項第四款定有明文。而勞工本於其經濟上弱者須保障其生存權，雇主雖得依勞僱契約對於勞工有指示工作權責，並得實施懲戒，惟解僱勞工涉及勞工既有工作喪失，係屬勞工工作權保障之核心範圍，非不得已當不許雇主恣意解僱，**故勞動基準法第十二條第一項第四款明文勞工違反勞動契約或工作規則，須至「情節重大」程度，勞僱關係已無從維繫，雇主始得不經預告終止契約。**又雇主依此解僱勞工，法院自須就勞工是否確有違反勞動契約或工作規則情事及其情節是否重大併為審認。**再者，依本件雇主訂定工作手冊明文「年度記滿三大過未經功過相抵者」，並以勞工年度懲戒結果已滿三大過為由予以解僱，法院於審理解僱是否合法時，仍須就雇主所陳勞工各次違反勞動契約或工作規則情事是否確有其事及其情節是否重大為必要，不得僅以懲處結果已滿三大過即為合法終止契約之依據，**否則無從避免雇主濫用其對於勞工懲戒之裁量權，動輒將勞工懲戒解僱，脫免勞動基準法保障勞工權益加強勞僱關係之立法意旨。

　　結論就是法院不會管雇主的「三大過即解僱」的規定，仍會針對勞工歷次的違規行為進行檢視，如果客觀上來說不夠重大，還是不能以勞基法第12條第1項第4款解僱。

　　法院之所以會採取這樣的見解，是因為雇主給予勞工的懲戒未必都是合理正當的，法院不能只依據勞工被記過這樣的事實就直接認定勞工違反工作規則。

　　例如這個判決中，勞工為了籌組工會而發傳單，被雇主以工作規則中規定的「散播有關本公司不實之謠言、文宣或挑撥勞資感情有具體事實者，經查證屬實或有具體事證者，得不經預告逕行終止勞動契約或解僱」予以懲處，法院就認為勞工所發傳單內容並非捏造，因此認定雇主對勞工懲處的行為沒有道理。[17]

　　另一方面，筆者也認為「累積記過」而用第12條第1項第4款解僱本來就有一點疑慮。因為勞基法第12條第1項除了第3款之外，其他的事由都會受到第12條第2項必須在30天之內行使解僱權的除斥期間限制（詳見本書第八章）。因此，最終還是要看在期限內的事由究竟有沒有重大來加以判斷。

17.而且這種因為勞工發放工會文宣而被懲處、打壓的案例，放在現在，勞工還可以主張雇主違反工會法第35條，構成打壓工會的「不當勞動行為」，見第八章的說明。

這時有讀者會問，如果勞工呈現的「大錯不犯，小錯不斷」的狀況，不斷累積到三大過，難道就沒辦法解僱他們嗎？並不是的，實際上雇主可以依據第11條第5款「工作能力不能勝任」加以處理即可，不過前提還是要有明確的事證，並且要給予改善機會而無效之後才能予以解僱。

工作以外的私人問題可以成為懲處或解僱理由嗎？

勞工在工作以外作了違法的事情，這稱之為「業務外非行」，**原則上不關雇主的事，雇主是不能予以懲處乃至解僱的！**

針對這個問題，我們從勞動契約的本質來加以說明。

所謂的勞動契約，其實就是勞工把自己的時間賣給雇主，在那段時間中依據雇主的指示從事工作。勞工賣的時間就是工時，相對之下雇主支付的對價就是工資。**勞工只有在工作時間中才受到雇主的支配，其他時間則是屬於勞工自己的**，因此，針對工作以外的私人生活，雇主是不可以加以干涉的。也因此，即使勞工在工作以外的時間做錯事，原則上也不會是雇主能夠予以懲戒的對象。

　　但有原則就有例外，如果勞工在工作以外的不法行為對於雇主產生了具體、重大的影響，例如嚴重破壞商譽，那就可以例外加以懲戒。

　　早期勞委會時期就有對類似問題進行函釋，民國88年的台勞資二字第0052355號函就針對勞工在工作以外媒合性交易，雇主是否可以予以解僱一事進行說明：「事業單位勞工於工作時間內倘確實有從事「色情媒介行為者」，工作規則將之列為不經預告終止僱用事由，當無不可。**至於工作時間外，以其屬勞工私人行為，惟若其行為已有違社會公共秩序、善良風俗，具有具體事實足資證明已損害事業單位形象及名譽時，事業單位於工作規則將其列入不經預告終止僱用事由，尚無不妥。**」明白指出「業務外非行」只有在對雇主的形象和名譽產生具體損害時才可以懲戒。

　　法院原則上也是採取相同的觀點。

重要法院見解：
臺灣高等法院95年度重勞上字第14號判決

按勞動關係之核心，固為雇主提供工資與勞工提供工作之結合關係，而非雇主與勞工全人格之結合關係，**勞工在勞動契約以外之私人行為，以不受雇主干涉為原則**。然勞動契約仍不失人的結合之本質，雇主或企業之行為，常透過勞工之行為予以表現，所謂企業文化、企業形象，不外乎雇主或企業所屬勞工行為之綜合表現，**因此，雇主之人格權與勞工行為間，仍有一定程度的關連，勞工仍應忠實履行勞動契約及遵守雇主合法有效之命令，如勞工所為不當行為，造成雇主或企業人格損害時，仍應受法的評價**。至於如何評價，則應就企業之性質、企業所要求之工作秩序、勞工工作之內容、勞工於企業所處地位及該不當行為之具體情事等因素，綜合考量。

　　這個案子是個重大案件，雇主是航空公司，勞工則擔任培訓機師的訓練教官，某次該名勞工帶領受訓的學員在中國進行訓練時，下班後跑去酒店喝酒並有召妓陪宿的情況，但因為該名勞工與陪宿女子產生爭執，女子找了四名男子持刀前來，而導致前來察看狀況的另一名學員被無辜砍死，因此雇主就以勞工有不當行為違反勞動契約和工作規則情節重大而予以解僱。

　　勞工向法院起訴主張解僱無效，其中一個理由就是召妓陪宿是工作以外的私人行為，雇主不應該以此作為解僱的事由。

　　法院便指出了這種「業務外非行」雖然原則上雇主不得干涉，但在對於雇主的人格權、商譽產生影響時還是例外得以介入。因為勞工召妓導致受訓學員被砍死，雖然是工作以外的私生活問題，但遭到媒體大篇幅報導而導致雇主商譽嚴重受損，實與勞工之行為有關，因此法院肯定雇主可以例外地對此項行為予以懲處並解僱。

　　類似的案件例如臺灣高等法院104年度重勞上字第3號判決，該案中擔任空服員之勞工被驗出吸食大麻因此被公司解僱。勞工辯稱是在飛往阿姆斯特丹等等可以合法抽大麻的國家時在工作時間以外的私人時間抽的，因此主張解僱無效。然而雇主說服了法院，指出施用大麻將會影響飛安，也就是勞工抽大麻這個行為即使是在私人時間內進行的，但仍舊會嚴重侵犯雇主的核心利益，因此判決解僱合法。

小結

　　理解「情節重大」的判斷標準真的是一件很重要的事情，人資如果能掌握這個概念就能很大程度地避免誤判，降低個案中的法律風險。當然，實務中狀況百百種，有時候就是會出現一些踩在模糊地帶的個案。筆者

建議，如果有一天發生一個個案讓你沒辦法很篤定地說「個案情節重大」，而導致對於是否要解僱這個勞工產生了一絲絲的猶豫，那麼就請採取其他的懲處手段來處置，不要直接進行解僱。而關於雇主對勞工進行懲戒時的注意事項，筆者補充在本章的結尾，請讀者一併參考。

2. 於訂立勞動契約時為虛偽意思表示，使雇主誤信而有受損害之虞者

虛偽意思表示的事項必須要與工作有關

　　勞基法第12條第1項第1款這個事由著重的是勞工在「求職時」對於自身求職條件有不實陳述，或是加以隱瞞，而導致雇主對於是否要錄取勞工有錯誤的評估並因此受有損害。

　　也因此，本款最重要的關鍵在於勞工未誠實告知的事項「是否與職務需求或工作能力有關？」如果無關的話，就不會影響雇主僱用與否的決策判斷，更不可能導致雇主的損害，也自然就不符合本款事由；相對地，如果與職務需求或工作能力有重要關聯，那麼我們當然可以說勞工對此不實陳述、隱瞞，將會對雇主產生損害。

　　那具體來說，哪些事項會被認為與職務、工作能力有關而影響雇主是否錄用呢？包括**謊報學歷、經歷、前雇主給予的薪資、有無犯罪紀錄，乃至員工之配偶任職競爭廠商**等等都有不少肯定解僱有效的案例，但相反地，法院認為解僱無效的案例也是有的。這種現象表示，勞工即便在求職時對特定事項有欺瞞、隱匿的行為，也不一定能以此解僱勞工，一切都必須要看個案中的具體狀況。

雇主必須證明有受損害之虞

對於雇主來說，要合法動用本款的關鍵在於能否舉證因為勞工的欺瞞行為而有「受損害之虞」。如果雇主無法舉證，當然不能用這款事由解僱勞工。

重要法院見解：
臺灣臺北地方法院99年度勞訴字第84號判決

惟按勞動基準法第12條第1款規定：「於訂立勞動契約時為虛偽意思表示，使雇主誤信而有受損害之虞者」，而被告公司管理規則第14條第19款：「經本公司調查於訂立勞動契約前填報個人資料有欺瞞不實，例如學歷、經歷、前科等，而使公司誤信錄用而受有損害之虞者」（見本院卷一第31頁），**均應就其應具備之僱用條件有所欺瞞，致雇主誤信予以僱用，因而有受損害之虞者為前提要件**。惟本件原告所填報大學肄業之學歷縱屬造假，然被告並未舉證證明原告應徵之車服員一職需求大學肄業以上之學歷、倘不具備則不予錄用之事實，則原告就「誤信而受有損害之虞」舉證尚有未足，自難遽認原告虛報大學肄業學歷之行為符合「使雇主誤信而有受損害之虞」之得不經預告逕行終止勞動契約之要件，併此敘明。

　　這個判決是個被法院宣告解僱無效的負面案例，擔任車服員的勞工偽稱自己是成大商貿系肄業，但成大根本沒有這個系所。一般來說這種學歷偽造案件，雇主要依據第12條第1項第1款予以解僱應該不會有太大的問題，但偏偏本案雇主就是無法提出學歷和工作能力的關聯性，無法證明雇主為何會因為「擔任車服員的勞工只有高中學歷卻謊報大學學歷」而有「受損害之虞」。

　　在這個個案中勞工即便在學歷上有所隱瞞，但客觀來說，勞工即便沒有大學學位也未必不能勝任車服員工作。雇主要以本款事由解僱勞工，必須證明車服員一職至少要大學肄業以上的程度方能應徵，又或者雇主會因為勞工學歷高低而有不同的敘薪，但顯然雇主在這個案子中完全無法說服法官。

　　所以雇主要如何證明「有受損害之虞」呢？最好的狀況當然是雇主能舉出**徵才廣告上的資格要求、內部的召募任用規定、敘薪規定**等等。例如雇主能夠提出公司當初徵才廣告上限制要有大學畢業的學歷才能應徵，或是依據內部敘薪規範證明特定職位大學畢業和高中畢業敘薪不同。假設有這些資料，當出現勞工只有高中學歷卻偽造了大學學歷來應徵這項工作的時候，雇主事後發現時就能主張勞工謊報學歷會讓雇主產生錯誤評估（不會錄取卻錄取，或是薪水會因此不同），這就能證明雇主有受損害之虞而能合法進行解僱。

　　相對地，如果雇主無法提出「受有損害之虞」的證明，就會無法向法官說明勞工說謊會對雇主產生甚麼樣的影響，敗訴的風險將會大為增加。

　　因此，即便勞工確實在求職時有虛偽意思表示雇主也未必能解僱這個勞工，一切都還是得看企業內部是否有花功夫制定招募任用辦法等等各項制度。

　　還是那句話，內部的管理制度是很重要的！

勞工不實陳述的事項涉及就業歧視，不會構成虛偽意思表示

　　勞工求職時的虛偽意思表示，除了要對雇主有產生損害之虞外，另一個需要嚴正提醒的問題就是：「如果該事項涉及就業歧視，即便勞工有欺瞞的情形，雇主也不能因此主張解僱勞工」！

　　法院的邏輯很簡單，例如有沒有懷孕、有沒有身心障礙這種問題本身就是涉及了就業歧視，與就業歧視有關的事項是法律直接認定與工作能力無關的，因此雇主不得詢問求職者、也不能拿來當作招募評估的依據。也因此，勞工對於這些問題沒有義務主動告訴雇主，即便沒說實話也不會因此被認定是虛偽意思表示。

重要法院見解：
臺北高等行政法院99年度簡字第648號判決

身心障礙原因為就業服務法、身心障礙者保障法所保護之事項，即為法定禁止歧視原因，**則求職人於招募乃至就職過程中，雇主均不得以此原因為直接或間接之不利對待，且求職人亦無主動揭示身心障礙之義務。**

（略）

如前所述，**本件求職人無主動揭露其為身心障礙者之義務**，且原告人員已為面談，認其符合原告所招募工作之需要，是該障礙事實亦非該工作之重要資料，**是難認符合因勞工虛偽意思表示致雇主誤信而訂約之要件**；又本件求職人於勞動契約成立後尚未報到就職，原告即通知取消錄用，未經原告任用及考核，原告自無法認定其是否符合懲戒解僱之事由，因之，原告依此規定主張雙方勞動契約終止，亦不足採。

　　這個案子是一位身心障礙者在求職時於雇主的應徵資料表中「健康情形」欄位填寫「良好」，但在獲得錄取後被雇主發現有身心障礙問題，因此被雇主取消錄用。勞工向台北市就業歧視評議委員會提起就業歧視申訴，確認雇主構成「身心障礙歧視」開罰30萬元。雇主不服裁罰，提起訴願及行政訴訟，但法院還是認定確實

有就業歧視，因此駁回雇主的請求。

　　法院的理由就如同前面所說的，因為身心障礙歧視是就業服務法第5條第1項明文禁止的事情，**雇主不能以應徵者有無身心障礙拿來當成是否錄用的參考依據。**雇主不能問，勞工也沒有義務要向雇主揭露。如此一來，既然是個不能問也沒有義務回答的問題，那更不可能會有「雇主因此被騙」的問題存在。

　　因此，只要是跟法定就業歧視有關的各項資訊，雇主原則上都不可能主張勞工有虛偽意思表示而予以解僱。如果真的硬是要以此解僱勞工，除了解僱無效之外，同時將會構成就業歧視，面臨30萬至150萬元的超高額罰鍰。

　　針對就業歧視，我們在第八章中會詳細地加以說明。

延伸說明：就業隱私

　　與就業歧視有關的「就業隱私」，也值得讀者留意。

就業服務法第5條第2項第2款規定：

　　「雇主招募或僱用員工，不得有下列情事：二、違反求職人或員工之意思，留置其國民身分證、工作憑

證或其他證明文件，或要求提供非屬就業所需之隱私資料。」

其中，甚麼叫做「就業隱私」，則規定在施行細則第1條之1：

「本法第五條第二項第二款所定隱私資料，包括下列類別：

一、生理資訊：基因檢測、藥物測試、醫療測試、**HIV檢測**、智力測驗或指紋等。

二、心理資訊：心理測驗、誠實測試或測謊等。

三、個人生活資訊：信用紀錄、犯罪紀錄、懷孕計畫或背景調查等。

雇主要求求職人或員工提供隱私資料，應尊重當事人之權益，不得逾越基於經濟上需求或維護公共利益等特定目的之必要範圍，並應與目的間具有正當合理之關聯。」

依照現行法律規定，如果雇主是基於正當的目的而且在合法範圍內，還是可以要求勞工提供這些隱私資訊的。[18]

18.當然還是得注意個資的問題，但與我們要討論的問題比較無關，就不再贅述。

　　以業界慣例來說，許多企業會在應聘勞工時要求勞工進行智力測驗、心理測驗等等，雖然這些資料是法律中所規定的隱私資訊，但雇主請求這些資訊多半屬於正當行為，並不會有違法的問題；而例如「背景調查」，一般來說只要勞工同意授權調查個人資料，基本上也不用擔心違反法令。

　　比較需要注意的是「信用紀錄」和「犯罪紀錄」，雇主需要證明某個職務的工作內容有必要了解勞工的信用和前科，否則是不能要求勞工提供的這些資訊的。

　　舉例來說，像是銀行員這種會經手客戶資產、必須有高度自律和誠信的職務，雇主要求提供信用紀錄和犯罪紀錄應該就是合理的請求；但如果要應徵的是清潔工這種職務，實在就很難說有提供信用紀錄和犯罪紀錄的必要性和合理性。

　　除了上述說明的各項就業隱私資訊之外，其他例如基因檢測、藥物測試、醫療測試、誠實測試、測謊等等，筆者實在是很難想像有甚麼工作會需要知道這些資訊，雇主不太可能有甚麼合理的理由要求勞工提供這些資訊。

　　而最關鍵的是「HIV檢測」和「懷孕計畫」，因為這兩個項目直接連結到了就業歧視，包括「人類免疫缺乏病毒傳染防治及感染者權益保障條例」中的「HIV歧視」，以及「性別工作平等法」中的「懷孕歧視」，因

此是絕對不能向勞工詢問，勞工也絕對沒有義務要回答的問題，雇主絕對不可以因為勞工沒有誠實回答這兩個問題而依據第12條第1項第1款予以解僱！

尤其是懷孕問題，在業界運作實務中，人資工作者常遭遇女性求職者沒有告知已經懷孕的事實，在錄取開始工作不久後才告知懷孕，進一步要請產假甚至育嬰留職停薪。此種狀況確實造成了人資工作者的困擾，但在現行法制下，懷孕勞工的各項權利是受到相關法令嚴格保護的，原則上人資工作者只能接受這樣的現實。

對此，有一些不諳法律的人資工作者以為可以透過第12條第1項第1款，以勞工未誠實告知懷孕而解僱勞工。依據前述說明，讀者應該能夠瞭解這除了會違反就業隱私保護，同時也會構成懷孕歧視，依法可以重罰30萬至150萬元，鄭重提醒千萬別以身試法。

針對求職時勞工虛偽意思表示的常見或特殊案例

以下我們特地挑選幾個常見的狀況，或是筆者覺得有趣的個案來讓讀者理解法院的思考邏輯。

（1）謊稱或偽造學歷

因為學歷已經普遍被認定與雇主僱用員工與否具有非常重要的關聯，因此除非狀況十分特殊，或是雇主

完全無法證明因此有受損害之虞（例如前述車服員的判決），否則法院通常都會認為解僱合法[19]。但以下案例十分特殊，是雇主以勞工未誠實告知學歷是同等學力而非直接從該校畢業，因此予以解僱的案例。

重要法院見解：
臺灣高等法院101年度勞上易字第20號判決

本件上訴人指摘被上訴人未誠實告知學歷，致上訴人誤信而與之訂立勞動契約，此舉不但使上訴人因而給予被上訴人經理級職務之報酬，致受有每月多支出5,600元之薪資支出之損害，且被上訴人因未真正具備○○工專機電科畢業之學歷，在工作表現上穩定性不足云云，**查勞僱關係具有彼此高度信任之特性，而僱用人於決定是否聘僱受僱人時，關於受僱人本人之工作能力為何，當為首要考量項目，而受僱人通常用為證明自身工作能力程度時，即以學歷、專業證照及其歷來工作之歷程等為其佐證，是以受僱人確應就上開項目之說明，善盡真實說明義務，不得為任何匿飾增減，但如事後發現受僱人在上開義務之履行時有不**

---

19. 題外話，在台灣發生的案例大多數是往上謊報學歷（高中職謊稱大專以上），但在日本，即便是往下謊報，例如具博士資格低報大學學歷，也會被認為是破壞勞僱之間的信賴雇主可以予以解僱。但在台灣應該無法做此解釋。

符真實情形者，仍應視該不符真實之情形是否重大、受僱人是否係出於故意或重大過失，尚不得以受僱人關於工作能力之說明與實際情形稍有不符，即逕認已達使上開信任關係破綻之程度，准許僱用人據此終止勞僱關係，以免失之苛酷，並與解僱最後手段性之原則相違。

（略）

上訴人以被上訴人未誠實告知學歷，上訴人誤信而提供上訴人經理之職務及報酬，致上訴人每月多支出5,600元之薪資云云，並提出上訴人公司經理職位學歷表及上訴人公司薪酬給付標準影本為證（見本院卷第62頁、第120頁），惟上訴人於99年間即應知悉被上訴人係取得與大專院校同等之學歷，已如前述，而上訴人於當時知悉後並未立即調整被上訴人之職務及其受領之薪資，顯見上訴人是否完全拒卻取得大專院校同等學歷之員工擔任經理一職，已值可疑。**再者，觀諸上開書證，充其量亦僅係分別顯示現任職於上訴人處之經理，渠等學歷均為○○科技大學等之大學或大專院校畢業，及上訴人對所屬員工之薪資發放標準，係按職位之職等給薪爾，尚難以此推斷上訴人在評斷是否授與員工擔任經理一職，係絕對以該員工是否取得正式大學（大專院校）學歷為斷，而完全否**

> **絕取得與大專院校同等學歷之員工無擔任經理職務之可能。** 此外，上訴人迄至本院言詞辯論終結前，並未提出其他足證上訴人公司內部確係按員工學歷情形發放薪資之證據供本院審認，則關於上訴人以其誤信被上訴人不實學歷而額外支出薪資部分之抗辯，洵無足採。

　　這個案子中，勞工填寫履歷表時填寫○○工專畢業，但實則是在○○工專進修後依據教育部規定取得同等學力資格，雇主認為勞工並無此學歷，本來不應該晉升他為經理職，而導致每月有多支出5600元的薪資，便以此作為理由主張勞工於訂約時有虛偽意思表示導致雇主有受到損害而解僱勞工。

　　法院首先指出勞工確實有據實說明學歷的義務，但如果學歷不符的狀況並非重大，且勞工非出於故意或是重大過失，那麼不一定能夠以此解僱勞工。

　　法院認為，本件勞工取得同等學力資格，就代表勞工依法有同等學識資格，與一般直接畢業者相差不多。而且如果真如同雇主主張學歷會影響工作能力，但勞工也擔任該項職位五年有餘，雇主在一審時也說其實勞工的表現是不錯的，因此雇主並沒有因為勞工僅為同等學力而對勞工的工作能力有錯誤判斷；另外針對雇主主張

讓勞工擔任經理職每月多付了5600元的薪資，但是雇主沒有「同等學力就不得任用為經理」的規定或證明，因此也不能稱每月多給付5600元為損失。法院最終認定解僱不合法。

筆者認為類似的案例可能會發生在勞工取得同等學力，或者就讀的是夜校卻未加以註明這種情形。但能否因此解僱勞工，關鍵仍在於雇主是否能證明勞工的工作能力會有決定性的差距、雇主能否提供內部招募任用規範來證明同等學力、夜校會對於僱用的條件產生差別待遇、雇主是否在招募資料上明確要求說明是否為夜校等等。

（2）謊稱經歷

工作經歷絕對會對雇主決定僱用及敘薪產生重大影響，因此如果勞工確實有謊報工作經歷的情事，雇主以此解僱應該不會有太大的問題。例如下列案例：

重要法院見解：

臺灣高等法院臺南分院103年度重勞上字第3號判決[20]

被上訴人僅具有〇〇綜合醫院管理部主任之資歷（見原審卷第183頁），乃竟向上訴人訛稱其曾在跨國企業英屬蓋曼群島商〇〇股份有限公司擔任醫療事務處主任一職，顯係於訂立勞動契約時為虛偽意思表示無疑；又本件被上訴人既係為應徵「醫療體系高階管理人員」一職而投遞履歷並進而參加面試，上開虛偽意思表示，顯足使上訴人誤信被上訴人具備高階醫療管理人員之能力而有受損害之虞無疑，被上訴人上開所辯，顯無足採。

　　這個案子中，勞工根本沒有擔任特定職位的經驗，但是向雇主謊報經歷而使得雇主誤信而錄取他，雇主當然能夠依法予以解僱。

　　如果發生的狀況是「謊報」工作經驗，雇主要解僱勞工不會有太大的問題，但實務中也有另一種常出現的狀況，就是勞工「隱瞞」工作經驗。

20.其實這個案子中，雇主是在訴訟中才主張勞工有12條第1項第1款事由，筆者個人認為是違法而應該屬於解僱無效的，但一方面或許也是個案中勞工的行徑實在有點誇張，才讓法院判決雇主勝訴。

　　會有「隱瞞工作經驗」這種狀況，無非是勞工害怕在履歷中寫了太多工作經驗會被認為沒有穩定性。如果應徵時勞工有這種狀況，雇主事後發現了可以解僱勞工嗎？答案是，如果是「嚴重隱匿」，那麼雇主是可以解僱的。

重要法院見解：
臺灣士林地方法院105年度重勞訴字第10號判決

是以原告於系爭資料表隱匿上開資料。原告雖聲稱因記憶不清所以誤填資料云云，然則，被告於履歷表上已載明必須擔保所提供之資料均為事實無隱匿或虛偽之情事，足見被告公司對於個人經歷之重視，原告對於其於86年至101年，總共任職13家公司，期間多家公司之投保期間均未達1年，甚至有2、3個月或未達半年，原告並非毫無社會經驗之輩，豈會將任職時10多家公司與任職5家公司認為相同，縱使記憶不清，亦不會曾經任職之公司每一家資料均填載錯誤，且工作年資相差甚遠，是以原告故意將每個職務均填載長期任職，時間上幾乎毫無間隔，然則其實際上多數職務任職期間不長。**衡以，究竟是經常性轉換職務與長期穩定性任職之情形，對於雇主是否聘僱勞工，應為考量基準之一，頻繁更換工作原因雖多端，但更易次數過多會有其穩定性、敬業態度、適應工作環境**

之能力、人際關係等聯想，雇主對於頻繁更換工作之
面試者，探究其原因為何，不違背常情。被告公司應
徵對象為「資深技術處長」，既然「資深」，因此應
徵者之「工作經歷」當然為重要因素。

（略）

尤其本件被告要求職位為資深處長，明確將經歷當作
重要考量，**原告填載於系爭資料表上之工作年資確有
虛偽不實之情形，與客觀事實嚴重背離，係屬於對重
要事項有所欺瞞，致被告誤判聘僱其擔任『資深技術
處長』，復破壞勞僱間之誠實信賴關係，不應苛求雇
主應繼續聘僱對於重要事項不誠實的勞工，縱使原告
曾經通過被告公司之面試、測驗等等，仍不影響雇主
行使懲戒解僱。**是以兩造間勞動契約因被告於104年
7月31日依勞基法第12條第1項第1款之規定，終止
勞動契約，於意思表示到達原告而生效，核與法並無
不合。

　　這個案子中，勞工在約莫15年左右的時間內總共換
了13個工作，但在應徵資料表上卻只寫了5個，讓雇主有
嚴重的誤判。法院認為雇主考量是否僱用勞工時多半會
考量勞工的穩定性，因此到底擔任過哪些工作、每個工
作做過多久，都是影響雇主僱用與否的重要事項。因此

這個案子中勞工填寫資料表與事實有嚴重背離，則雇主依法解僱並無不可。

　　不過筆者還是要再次提醒，能不能因為隱瞞工作經歷而解僱勞工還是要看個案中的隱匿的事情是否重要、嚴重而定。像筆者以前求職時不會去寫升高中暑假時有打工兩個月的經驗，這種明顯非重要的資訊即便沒寫也不會對雇主產生甚麼影響，雇主當然也不能以此解僱勞工。

（3）謊稱前東家給予的薪資待遇

　　謊稱前東家給予的薪資待遇一般來說會造成雇主對於聘僱、挖角的條件產生錯誤判斷，進而對雇主產生損害。

　　當然要以謊報薪資來解僱勞工，必須要實際薪資和謊報薪資之間有非常大差距，如果是只是個大約的數字、尾數四捨五入之類的，這種差距並不會被認為是虛偽意思表示。以下舉一個年薪差距數十萬美金的案例。

重要法院見解：
臺灣高等法院92年度重勞上字第6號判決

而薪資條件，對勞僱雙方言，均為聘僱契約之重要條件，雇主於決定員工薪資數額時，除參酌員工之學、經歷外，員工於原雇主之薪資，同時並為雇主用以判斷該員之工作能力、工作表現等各方面之重要參考。

（略）

員工於訂立雇用時就其於原雇主服務所得之薪資為虛偽之陳述，如其陳述與事實相去太遠，則不僅會誤導雇主之判斷，且將破壞勞雇間之誠實信賴關係。而誠實信賴關係為勞雇關係得以持續維持之重要因素，勞雇間如喪失誠實信賴關係，將使雙方無法密切合作為公司創造最高之利益。本件被上訴人主張因上訴人於訂約時為虛偽之陳述，致其給付上訴人超過上訴人應得之報酬受有損害，而依上開法條規定終止與上訴人之契約，即非無據。

　　這個判決是雇主聘僱一個外籍高階主管，該外籍主管被挖角時告知雇主他的前東家一年給予包括保證獎金在內之**固定薪酬與報酬**約為75萬美元，另有房屋津貼及支付汽車費用，並還有保證獎金等制度，若雇主要僱用他，必須給他至少相同金額的固定薪酬與報酬。

雇主後續就以固定薪資及保證獎金合計75萬美元的條件僱用該名外籍主管，但雇主後來發現外籍主管所稱前東家給予的固定薪酬與報酬75萬美元中，其實有很高比例是**非固定給予的留職金**（retention payment）。這筆錢是勞方的前東家在併購時為了留下他而給予的特殊給付，並非常態性的固定給付。若扣除此部分，則原東家給予勞方的固定薪酬與報酬僅僅約為38萬多美元，與該名外籍主管所稱相距甚遠。

另一方面，雇主在法院審理過程中又能舉出在應徵該名外籍主管時的各項溝通紀錄，原本預計是以60萬美元的薪酬來招聘，卻因為該名外籍主管的誤導最終才開出75萬美元的價格，也就能證明雇主因此受損害。

最終法院認定雇主因為虛偽意思表示而受有損害，且將勞雇雙方之關於誠實信賴基礎破壞殆盡，所以解僱有效。

（4）未告知有犯罪紀錄

勞工應徵時沒有告知前科不一定能予以解僱！關鍵問題仍是有無前科對於雇主的影響。下列法院判決就是一個值得注意的案例：

重要法院見解：
臺灣宜蘭地方法院107年度勞訴字第13號判決

查原告有前揭不實填寫前科紀錄之情形，業如前述。而被告於原告應徵時填寫之駕駛員報名表上亦已載明：「應徵人員資料蒐集告知及聲明：一、本公司基於人力資源規劃之徵才需要，為人事管理之目的，蒐集台端之個人資料。……三、台端若未完整及確實填寫，本公司將無法進行必要之徵才審核及處理作業。」而原告於填寫時並於「我已閱讀並且同意提供本人資料」欄位下簽名確認；另被告員工工作規則第27條第18款規定：「員工有下列情事之一者，本公司得不經預告逕予解僱不發給資遣費：十八、經本公司調查於訂立勞動契約前填報個人資料有欺瞞不實例如經歷、學歷、前科等，而使公司誤信錄用者。」**被告辯稱伊為經營汽車運輸業者，為公眾運輸，依汽車運輸業管理規則第19條規定對於駕駛人員有管理之責任、依民法第188條規定亦需對於駕駛人員所為執行職務行為負連帶賠償責任，且現今交通環境惡劣、乘客意識高漲，駕駛人除需具備駕駛技術外，並需具有高情緒智商、適合之人格特質始能勝任，可見被告係為維護公眾運輸之安全性、避免損害公司利益，乃**詢問應徵者有無任何犯罪前科，則本院考量被告並未強求原告提供其前科資料，且被告係經營汽車運輸業者，以提供駕駛及大客車為公眾運輸，應徵原告係為

擔任客運駕駛之職位，原告執行之業務除需駕駛技術外，須頗長時間留置於封閉之客運車內與搭乘旅客相處，如能事先審核其前科資料當有助於維護公眾安全與被告公司利益之目的，堪認被告要求原告提供前科資料之資訊，尚未逾越基於經濟上需求等特定目的之必要範圍，並與目的間具有正當合理之關聯，應非法所不許。又原告於駕駛員報名表上虛偽表示並無前科一情，致被告誤信而訂立僱傭契約，堪認被告因此有受損害之虞。則被告於107年3月1日依被告員工工作規則第27條第18款規定終止兩造僱傭契約，核亦無違勞動基準法第12條第1項第1款之規定，尚無不可。

　　這個案子中，勞工於105年應徵客運駕駛員職務時沒有據實說明有**重傷害前科**，而在報名表上「有無前科紀錄」一欄填寫為「無」，爾後107年時被人投訴有此項前科，雇主旋即解僱勞工。

　　勞工主張犯罪紀錄是「就業隱私」，認為前科是雇主不能問的隱私問題而且雇主的解僱是就業歧視。但如同前述，犯罪紀錄雖然是隱私，**但如有必要且在合理範圍內**，雇主還是可以要求勞工提供；而且目前法律上對於就業歧視的禁止類型中並沒有禁止歧視更生人的規定，因此本案雇主並沒有違反就業隱私和就業歧視保障

的規定。

而針對雇主到底是否有因為勞工隱瞞前科而「受損害之虞」，雇主其實沒有具體的證據能證明自身受有損害，但是雇主透過「汽車運輸業管理規則」以及現今交通狀況惡劣來說服法官駕駛員的EQ要求與工作能力有非常重要的關聯，因此法院最終作出「具有重傷害前科不適合擔任客運駕駛」的結論，解僱因此合法。

筆者個人覺得這個案子解僱會被認定有效的主要原因，是因為勞工的前科是犯刑法第278條的重傷罪，是刑度五年以上的重罪，這也讓法官的心證偏向雇主這方；但假設今天是犯刑法第277條的傷害罪的話，又或者是公然侮辱、誹謗、強制罪等等罪名，老實說這種因為生活中的人際衝突而產生的刑法問題實在是非常常見，刑度多半也偏低，筆者就覺得未必能夠依此解僱勞工。

我們要再三強調，前科的問題終究必須考量前科的類型與職務之間有沒有重要關聯。例如，勞工從事的工作與財產有關或是具有高度信賴的職務，像是會計、銀行員，那麼勞工有犯背信罪、業務侵占罪的前科卻未告知，這就可以說是嚴重問題；又或者是勞工應徵駕駛，但未告知有酒駕紀錄（例如桃園地院99年度勞訴字第8號），也可以被認定是影響雇主是否僱用的重要因素，理所當然地成為雇主可以解僱勞工的依據。

（5）未告知配偶任職競爭廠商

　　除了上述舉的幾項相對常見的狀況之外，實務當中還發生過求職者未告知雇主他的配偶任職於有利益衝突的競爭廠商，而遭到雇主解僱的案例。

重要法院見解：
臺灣臺北地方法院104年度重勞訴字第22號判決

原告不爭執其於103年5月5日填寫履歷表，向被告應徵業務經理職務時，在婚姻狀態欄填載已婚，家庭資訊欄填載父母之姓名、出生年月日及均退休，其他資訊欄「你有無任何親屬任職於被告或被告之競爭者(Do you have any relatives working with ○○○ company or its competitors)？」填載無（No），嗣於被告面試時，另表示其配偶從事家族事業（見兩造不爭執事項（一）之2.），實則原告當時之配偶黃○○於95年3月至103年10月間任職於×××公司，擔任資深經理（見兩造不爭執事項三)），且被告辯稱×××公司為被告之競爭者等語，原告亦不爭執，則被告辯稱原告於訂立僱傭契約時為虛偽意思表示等語，即非無據。**又被告辯稱：應徵者之親屬如任職於被告之競爭者，被告不會因此不錄用，惟錄用後將視情形，安排無利益衝突之職務，以杜絕私相授受等語**，原告並

不爭執，且參酌被告經營通信工程等事業（見卷一第13頁之公司登記資料），屬於高科技、高競爭性產業，兩造間僱傭契約第9條及員工行為守則第4.2條均有關於利益衝突迴避之規定（見兩造不爭執事項(二)、(五)、卷二第71、94頁）等情，可見被告係為避免員工因利益衝突而損害公司利益，乃詢問應徵者有無任何親屬任職於被告或被告之競爭者，考量被告並未強求原告提供其配偶之姓名等得以識別該個人之資料，堪認被告係要求原告提供就業所需之家庭背景資訊，且難認逾越基於經濟上需求等特定目的之必要範圍，並與目的間具有正當合理之關聯，尚非法所不許。則原告於履歷表及面試時虛偽表示無任何親屬任職於被告之競爭者及配偶從事家族事業，致被告誤信而訂立僱傭契約後，無從安排原告擔任適當之職務以避免可能發生之利益衝突，堪認被告因此有受損害之虞。

這個案子有一些曲折，雇主因為屬於科技業，擔心保密或利益衝突的問題而要求求職者揭露是否有親屬任職於該公司或是該公司的競爭對手。而這個勞工A在求職時謊稱配偶是任職於家族事業，但實際上是在雇主的競爭對手公司工作。後來員工A獲得錄用之後，他的配偶B也來這間公司應徵職位，但沒有告知公司AB兩人

間為配偶關係。而B在應徵階段和人資溝通時就知道公司某些即將發生的組織變動，因此人資懷疑有洩密的狀況，一查之下才發現兩人是配偶，因此最終對A做出解僱處分。

本案判決有兩個值得重視的地方。

首先，勞方雖主張雇主要求揭露親屬有沒有利益衝突是侵犯隱私，但實際上這應該屬於前述「就業隱私」中的「背景調查」。雇主這個要求是為了避免利益衝突、保護公司利益的正當理由，且雇主並沒有要求到足以辨識「是誰」的程度，因此法院認為雇主是可以要求勞工加以揭露的。

第二，本案雇主除了能夠證明自己要求求職者揭露配偶資訊是正當的請求之外，雇主同時也透過了具體的僱傭契約、員工行為守則等規定來呈現出雇主對於避免利益衝突的重視。因此，雇主就能夠說服法官確實會因為勞工隱瞞配偶任職於競爭對手，而導致雇主有受損害之虞。

小結

總結勞基法第12條第1項第1款，最重要的其實是公司的「任用招募規範」、「薪酬管理辦法」和招募資料表等內部文件，將這些日常管理做好，就不怕發生事情之後無法證明勞工的虛偽意思表示會對雇主產生影響。

3. 對於雇主、雇主家屬、雇主代理人或其他共同工作之勞工，實施暴行或有重大侮辱之行為者

「暴行」或有「侮辱」的意義

　　勞動基準法第12條第1項第2款是筆者認為最常被濫用的解僱事由，像筆者就曾經遇過勞工在會議中為自己辯解而打斷董事長說話，就被公司主張對董事長重大侮辱而予以解僱。似乎勞工只要有情緒上的起伏就是滔天大罪一樣必須要立刻解僱，但這絕對不是法律所允許的。

　　法律中所謂的「暴行」係指**故意實施強暴之行為**於他人之身體；而「侮辱」則是指**以讓人難堪為目的**所為的各項言行，達到足以貶損他人在社會上的人格與地位。

　　「暴行」相對明確，就是肢體上的衝突與傷害，因此有故意進行肢體上的攻擊行為大概就符合了[21]。而「侮辱」的話，必須要著重言行的實質內容以及目的，要以對他人產生「人格上的貶抑」才符合，**簡單來說就是對私不對公的人身攻擊**。因此，像是上述勞工打斷董事長

---

21. 不過，如果雙方只是拉扯，或是雖有攻擊但不嚴重，原則上可能還是要先有告誡行為而不能直接解僱，但那已經是「解僱最後手段性」的問題了。

說話的案例，因為本質上根本不存在對人格貶抑的侮辱行為[22]，目的也不是為了要侮辱董事長，所以根本不符合本款解僱事由的要件。

　　而常見的「講話大小聲」，也不一定符合「侮辱」的定義，還是要看勞工講了甚麼、目的是甚麼。如果只是因為公事而產生爭執而沒有涉及人身攻擊，那麼即便有大聲咆嘯或是講話不中聽，甚至爆粗口，都不是法律中所謂的「侮辱」。這部分可參考下列判決：

重要法院見解：
臺灣高等法院106年度重勞上字第44號判決

上訴人雖又提出訴外人A、B、C署名之陳述書為憑，指稱：被上訴人一直以來均有在工作溝通過程中，與同仁迭生爭執對立、口角衝突、對同仁大聲咆哮情形，經其主管多次勸告，仍不見改善，破壞上訴人內部和諧云云。（略）明顯可見被上訴人均係因工作上溝通時為捍衛部門之權益，而與相關部門同事產生歧見、發生爭執，並無故意以貶低他人言語羞辱對方，縱過於激動、尖酸刻薄、大聲咆哮，亦難認已屬於侮辱對方之行為。（略）則被上訴人果有重大侮辱同事之言行，事件發生時既有多人在場，何以上訴人不曾

22.打斷說話就叫做侮辱也太玻璃心了吧。

> 對被上訴人為任何人事方面之處分、告誡或警告？上訴人據此抗辯被上訴人有多次重大侮辱同仁行為云云，為不足採。

　　這個案子中，依據同事的供述，被解僱的勞工在日常工作過程中似乎確實有情緒控管上的問題，然而法院認為同事指稱的各種狀況多半仍是基於公事而產生爭執，目的既然不是為了貶損他人，自然就不符合法條上所稱的「侮辱」。[23]

「重大」侮辱的意義

　　「侮辱」除了要符合上述的定義之外，還必須「重大」，因此「重大」該如何解釋就很重要了。

23.另外類似判決例如臺灣高等法院104年度勞上字第11號判決，該案中雇主解僱勞工的部份理由認為勞工向同事說：「你注定失敗」是重大侮辱，法院指出：「參以被上訴人為創意傳播製作公司，張○○與上訴人均屬文創產業工作者，對於文創工作之理念，難免各有堅持或各持己見而發生爭執，故是否構成重大侮辱，仍應綜觀上訴人與張○○間之全部對話而論，然依證人王○○、魏○○、楊○○之證詞僅能證明上訴人與張○○發生爭吵，但爭吵內容及為何爭吵均無法證明，尚難徒憑所謂「你註定失敗」之隻字片語，即斷章取義遽認上訴人對張○○構成重大侮辱行為，遑論僅依上開言語亦難謂已嚴重影響勞動契約之繼續存在。是被上訴人此部分之主張，即無可取。」認為這種因公事產生的爭吵很難被認定是重大侮辱。

對此，最高法院92年度台上字第1631號判決指出：「固應就具體事件，衡量受侮辱者（即雇主、雇主家屬、雇主代理人或其他共同工作之勞工）所受侵害之嚴重性，並斟酌勞工及受侮辱者雙方之職業、教育程度、社會地位、行為時所受之刺激、行為時之客觀環境及平時使用語言之習慣等一切情事為綜合之判斷，**惟端視該勞工之侮辱行為是否已達嚴重影響勞動契約之繼續存在以為斷。**」因此還是以有沒有嚴重到要剝奪資遣費，立刻解僱勞工作為判斷基準，到頭來其實還是前面所說的「情節重大」的判斷問題。

最高法院92年度台上字第1631號判決的案例事實是一位公司聘請的司機，因不滿廠長和人資對於加班費之申請的處理，而在工廠內散佈一些謾罵文字例如「垃圾」、「行政龜仔子」，甚至寄發給總公司、關係企業、同事的家屬等等，除此之外更對廠長與人資以半夜撥打無聲電話騷擾，因此被雇主以勞基法第12條第1項第2款和第4款加以解僱。

勞工主張雇主解僱無效，而且勞工因年資已符合退休資格可向雇主請求退休，因此起訴請求退休金。

在一二審時法院接受勞工的說法，指出：「惟衡量被上訴人在上訴人公司擔任司機，職位不高，渠係因爭取加班費未果，在不知如何救濟自己權利之不得已情況下，出此下策，從而寄發上開信函，應僅為洩憤性質，

而其所使用之文字亦與其平日之習慣、社會地位大致相符，且無害於勞動契約之繼續存在，尚難謂已達「重大侮辱」之程度」。也就是法院認定個案中勞工的言行尚非到達重大的程度，因此判決雇主解僱無效且須給付退休金（臺灣高等法院高雄分院90年度勞上字第8號判決）。

但上訴三審時，最高法院認為勞工所散佈的謾罵文字確實符合「侮辱」，而且勞工將這些文字散佈到總公司、關係企業等不同單位，甚至是員工眷屬也收到這些黑函，共計有68封，因此最高法院認為「被上訴人對受侮辱者之行為似已達廣為散布於眾之程度。果爾，則能否謂其為無害於勞動契約之繼續存在？已非無疑。」也就是最高法院認為勞工的侮辱行為已經嚴重到可以說是「必須要」終止勞動契約的程度。因此最高法院廢棄二審判決，發還高等法院更審，最終判決勞工敗訴。

相對於上述案件這種發黑函的作法，像是勞工對同事罵國罵，雖然容易被認定是侮辱，但未必符合「重大」的要件。

重要法院見解：
臺灣高等法院106年度重勞上字第44號判決

查被上訴人自承於105年11月23日會議當日曾口出上開不雅字眼，然表示為抒發自己情緒脫口而出之語助詞，主觀上並無侮辱之意思。徵之現今臺灣社會中「幹」有時為無惡意之粗口，純屬自我發洩情緒之發語詞或語助詞，**縱認為被上訴人之行為非屬因情緒脫口而出之語助詞，而確實是針對徐OO而為之，在現今之工商社會，會議中因意見不合，為捍衛自我價值與專業判斷而據理力爭之情況在所難免，若僅因個人於捍衛價值與專業判斷時，稍有不雅之言論，即認定屬於重大侮辱，而得不經預告予以解僱，恐使社會經濟地位相對弱勢之勞工，於工作上處於更不利之地位，而有侵害憲法保障之言論自由之疑慮。**

　　法院說得很清楚，很多時候爆粗口只是一種個人發語詞或是情緒上的宣洩，這種就連侮辱都稱不上。而即便真的是針對個人的侮辱行為，但還是要結合各種情形來綜合判斷，未必就是「重大」侮辱。

　　因此，如果是同事間因為公事產生爭執或口角，從法院的角度來看，多半不會認定構成本款所說的重大侮辱。

暴行或重大侮辱的行為不限於在工作場所

　　本款的事由著重在身分關係，因此發生暴行或重大侮辱的地點是否在工作場所，並非所問。因為縱使是在工作場所以外產生暴行或重大侮辱的問題，雙方回到工作場所後仍舊會造成日常工作的嚴重影響，導致僱傭關係難以維持。

4. 受有期徒刑以上刑之宣告確定，而未諭知緩刑或未准易科罰金者

　　這款解僱事由著重在勞動契約「事實上」無法繼續履行，因為勞工被判有期徒刑以上，又沒緩刑或是易科罰金，也就表示真的要被關了。在服刑的這段期間根本不可能提供勞務，所以雇主當然能終止勞動契約。

　　本款事由看起來非常明確，不過還是有需要注意的地方，以下分別加以說明。

必須是限於有期徒刑以上的刑罰

　　刑法上的「刑」由輕到重包括罰金、拘役、有期徒刑、無期徒刑、死刑，只有後三者才可以適用本款解僱事由並解僱勞工，罰金和拘役都不在本款的適用範圍。

　　除此之外，在刑事法律中會有一些拘束人身自由效果的處分或措施，例如「保安處分」或是「羈押」，因為並不算是「刑」，因此雇主不可以因為勞工被法院裁定進行「保安處分」或是「羈押」而解僱勞工。

要刑事判決「確定」

　　判決確定的意思就是定讞了、不可以再上訴了。如果勞工受有期徒刑以上的刑之宣告，但判決仍未確定，則表示還有上訴翻盤的空間，雇主不能在尚未判決確定時立刻將勞工解僱。[24]

雇主仍需要向勞工為解僱的意思表示

　　解僱是「形成權」，一定要「雇主向勞工發出終止勞動契約的意思表示」才會發生法律效果。因此，即便勞工入監服刑，勞動契約也不會自動地立刻結束，仍舊需要雇主依據本款事由向勞工通知，才會產生僱傭關係終止的效果。

24.不過呢，假設勞工在公司裡偷竊而被雇主提起告訴，就算還沒判刑確定雇主仍舊可以解僱勞工，因為這時雇主可以主張勞基法第12條第1項第4款違反勞動契約或工作規則情節重大。所以再次提醒，每個解僱事由還是會一定程度各自判斷，千萬要選對正確的事由。

重要法院見解：
臺灣高等法院91年度勞上易字第71號判決

惟依勞動基準法第十二條第一項第三款之規定，勞工受有期徒刑以上刑之宣告確定，而未諭知緩刑或未准易科罰金者，雇主得不經預告終止契約，**僅使雇主得以不經預告即逕行終止勞動契約，將勞工予以解僱，其是否將勞工解僱仍繫於雇主之決定，不因有上述情事之發生而使勞動契約當然終止，惟雇主所作終止雙方勞動契約之決定，仍須對於勞工為終止勞動契約之意思表示，始生終止雙方間勞動契約之效力**，被上訴人否認上訴人有終止兩造之僱傭契約，上訴人復未舉證證明其已對被上訴人為終止勞動契約之意思表示，而上訴人所舉之勞工保險卡僅係單方對勞工保險局之意思表示，亦如前述，尚無法發生對被上訴人終止勞動契約之效力，上訴人抗辯已終止與被上訴人間之勞動契約，自無足採。

　　這個案子非常有趣，勞工於72年1月開始受僱於雇主，75年5月因涉及犯罪被捕而辦理留職停薪（這時尚未判刑），同年10月勞工復職；但在76年9月因為犯罪經刑事判決確定而入獄；77年4月勞工出獄後又回到公司上班，直到90年12月雇主因為業務緊縮資遣勞工。

　　勞工打官司不是主張解僱無效，而是認為資遣費少算了。勞工認為他的年資應該從72年1月算到90年12月，但雇主則主張76年9月勞工入獄時已經被解僱了，故年資應該從出獄後回到公司上班的77年4月起開始起算至90年12月，年資相差五年將會導致資遣費計算上有所差距。

　　法院對於雙方的爭執指出問題關鍵在於，76年9月勞工入獄時雇主有無進行解僱的通知？解僱是形成權，雇主要解僱勞工終究還是必須要向勞工發出終止契約的意思表示才會發生解僱的效果。但本案中雇主無法提出任何證明來證實曾在76年9月勞工入獄時告知勞工終止勞動契約，因此法院無法認定雇主曾在76年9月解僱勞工，所以年資要從72年1月起算到90年12月。

　　這時讀者或許會想要問：「勞工已經入監服刑了，我要怎麼通知他？」其實只要將解僱通知寄到勞工服刑的監獄就可以了，送達監獄就能發生告知的法律效果。

5. 故意損耗機器、工具、原料、產品，或其他雇主所有物品，或故意洩漏雇主技術上、營業上之秘密，致雇主受有損害者

本款限於故意才有適用

　　本款明文規定只有在勞工有「故意」行為時才有適用餘地，如果是因「過失」行為導致雇主損失則並無本款的適用。而勞工之行為究竟是「故意」或是「過失」，在訴訟中依據民事訴訟的遊戲規則，應該由雇主舉證，因此不是一件容易的事情。

重要法院見解：

臺灣高等法院104年度勞上字第120號判決

惟上訴人抗辯：系爭車輛引擎嚴重故障之原因係因機油箱內已無機油，被上訴人竟繼續行駛，致引擎過熱縮缸云云，已為被上訴人所否認。上訴人雖提出由訴外人○○企業社104年3月9日所開立、品名及金額欄分別記載「預拌車後架整修一式，80,000元」、「汽車修繕工程一式，80,000元」，加計營業稅後，共計16萬8,000元之統一發票二紙以佐（原審卷第70頁），然該統一發票之真正亦為被上訴

認。況且，該二紙統一發票品名欄僅記載「預拌車後架整修一式」、「汽車修繕工程一式」，並未記載修繕之車輛車號或具體之修繕零件、損壞原因，自難據為系爭車輛確有引擎過熱縮缸情事之證明。佐以系爭車輛為81年8月出廠，已使用20年以上，有公路監理電子閘門汽車車籍資料、行照可稽（本院卷第96、103頁）；證人陳○○更證稱：系爭車輛經保養廠檢查後發現引擎已無機油，而損及引擎內部，司機所駕駛之車輛定期保養係由公司負責，被上訴人並不負保養系爭車輛之義務，系爭車輛買回來之後，公司並沒有做定期保養等語（本院卷第92頁反面），則系爭車輛損壞原因，是否係出於上訴人保養不週或車輛老舊所致，均非無疑。準此，上訴人抗辯：系爭車輛引擎係因被上訴人故意損壞云云，委無足取。則上訴人依勞動基準法第12條第1項第5款規定，終止與被上訴人間之勞動契約，自不生終止之效力。

　　這個案子中雇主認為勞工任職短短三個月就把駕駛車輛搞壞了，是因為引擎內已經無機油勞工卻還是繼續駕駛所致，因此用第12條第1項第5款解僱勞工。但是法院依照證詞與各項證據，認為車輛毀損有高度可能是因為雇主自己保養不周全所致，雇主無法證明勞工有故意，因此解僱無效。

　　我們可以另外以「臺灣高等法院臺中分院99年度勞上易字第42號判決」這個案例來做對照。這個案子中，雇主解僱勞工的理由也是勞工故意耗損材料和機械，前後有兩個行為。

　　第一個行為是在98年6月10日勞工錯誤裁切美耐板，並將裁壞的美耐板藏匿起來。但法院認為，依據證人的證詞根本無法知道勞工究竟是故意裁錯還是不小心的，而所謂藏匿，實際上也只是放在一般美耐板放置的地方。因此整體來看不能證明勞工在98年6月10日的行為是故意的，就不能依據第12條第1項第5款解僱。

　　第二個行為則是雇主指稱該名勞工在98年6月11日故意毀損自動裁板機。當日，雇主本來是因為勞工有前述第一項行為，而準備將勞工調離原本工作，但被勞工拒絕。勞工當日立刻填寫假單申請整整14天的特別休假，而在要離開公司時突然又折回至工作機台拿外套及水杯，並將自動裁板機的一根發條扯掉，導致該機器無法運轉。這個拔發條的動作被同事發現並且當場質問，因此勞工就把拔掉的發條返還。

　　勞工雖辯稱這個行為是要修理機器，但此等行為很明確地屬於故意的破壞行為，因此法院認定符合第12條第1項第5款的「故意」要件，解僱因此有效。

營業秘密的意涵

勞基法中除了第12條第1項第5款有涉及「營業秘密」這個概念之外，第9條之1的競業禁止也同樣與「營業秘密」有關。

企業的成功發展必然有其獨到的技術、know-how等等，但並非所有一切與企業運作有關的都是「營業秘密」。要被認定為「營業秘密」，必須要符合營業秘密法對於「營業秘密」的定義與要件。

營業秘密法第2條規定：「本法所稱營業秘密，係指方法、技術、製程、配方、程式、設計或其他可用於生產、銷售或經營之資訊，而符合左列要件者：一、非一般涉及該類資訊之人所知者。二、因其秘密性而具有實際或潛在之經濟價值者。三、所有人已採取合理之保密措施者。」

一般稱第2條第1款為「秘密性」，第2款則是「經濟價值」，第3款為「保密措施」，三者缺一不可。

「秘密性」是指該資訊不能是一般從事同樣工作的人可以輕易得知的資訊，更不能是公開資訊。以客戶資訊來說，如果能從黃頁、網路輕易查詢就不能稱作具有「秘密性」。

而「經濟價值」部分，原則上只要有潛在經濟價值即可，但在研發中的技術究竟有無經濟價值，可能會見

仁見智，因此一般會用研發成本、保密成本來斷定是否
有經濟價值。

　　最後，也是最重要的，雇主必須要對各項機密施以
「合理保密措施」，例如設定閱覽權限、上鎖、約定保
密協議等等。如果雇主將一個資料毫不設防地放在公共
空間，那麼當然不能主張該資料是營業機密。

　　因此，當有資訊外洩的狀況發生時，雇主除了需要
證明勞工是故意的，也必須證明該資訊符合營業秘密法
所定義的營業秘密。這樣的問題最終其實還是回到企業
內部的日常管理，如果有做好各種的資安規範，就不需
擔心這個問題。

6. 無正當理由繼續曠工三日，或一個月內曠工達六日者

曠工（職）的意涵

所謂曠工或是曠職，是指勞工「有出勤的義務」，但「不具備正當事由」而「未出勤」。

首先必須釐清，曠工應該以日為基礎，很多人資會問：勞工蹺班一小時能不能計入曠工？筆者個人認為不能算是本款的曠工，但雇主可以依據工作規則予以懲處，嚴重時也可以依據勞基法第12條第1項第4款予以解僱。

回到適用第6款的前提，必須是勞工「有出勤的義務」，所以如果勞工在當日根本「沒有出勤義務」，那雇主根本就不能記曠工。

因此，個案中如果勞工是「拒絕配合加班」（不管是平常日還是假日），因為勞工本來就擁有拒絕加班的權利，本來就「沒有出勤義務」，因此即便勞工不配合，雇主也絕對不可以記為曠工。不過呢，如果勞工本來**已經講好要來加班**，這個時候勞工就會變成「有出勤義務」，時間到了如果無故沒來又未請假，當然就能記曠工處分。

　　其次，所謂的請假雖然看起來像是「請求雇主給假」，但如果勞工確實有請假事由和證明，並且依據規定的流程向雇主提出，雇主其實沒有不准假的權利。

重要法院見解：
臺灣高等法院臺南分院95年度勞上易字第18號判決

惟按勞動基準法之立法意旨係保障勞工權益，訂定勞動條件之最低標準，故雇主所制定之工作規則或當事人約定之勞動條件，如低於勞動基準法之規定，均屬違反強制或禁止規定，依民法第71條規定應屬無效。勞動基準法第71條亦明定：工作規則違反法令之強制或禁止規定者無效。又按勞工請假規則第10條規定：勞工請假時，應於事前親自以口頭或書面敘明請假理由及日數；辦理請假手續時，雇主得要求勞工提出有關證明文件。是勞工依法得請求雇主給予病假，**一旦事前以口頭或書面對雇主表示請假之理由及日數，即行使其法定請假權利，雇主並無准駁之權限，亦不得以工作規則附加核准病假之條件**，否則該工作規則即屬違反上開強制給假之規定而無效。至雇主得要求勞工提出證明文件，僅在確認勞工之請假事由是否正當，非謂勞工未提出證明文件前，雇主得拒絕給假。

依照上述法院見解，勞工只要「依據流程向雇主提出請假的要求」且「附上證明」，就能豁免那天的出勤義務，雇主並沒有「不准假」的權限。既然出勤義務已經豁免而消失，雇主當然也不能記曠工。

比較需要注意的是請假證明，其實只要能證明真的有這件事情即可，形式不需要太過拘束。常有公司的請假規範規定請病假不得用診所的就醫證明，而必須要教學醫院的就醫證明，勞動部便明白指出診所的就醫證明也是我國合法執業醫師所開立的，同樣具有效力。另外附帶提醒，女性生理假請生理假時，雇主絕對不得要求勞工提供請假證明，也不能夠用任何方式予以刁難，否則會被認定違反性別工作平等法而開罰。[25]

未依規定程序請假可認定為無正當理由曠工

實務當中常遇到的是，勞工突然人不見了，但過幾天之後又突然跑出來表示之前是因為生病或其他的理由要補請假。此時雇主是否要給假，還是可以主張勞工曠

25.最高行政法院109年度判字第114號判決：「女性受僱者為生理假之請求時，雇主將生理假視為缺勤而影響請假者之全勤獎金、考績，固屬不利待遇，雇主以探究隱私方式，使請生理假手續變得極為困難，明顯阻礙女性受僱者生理假之申請，本質上也是一種不利待遇，縱無涉獎金及考績，乃屬性別工作平等法第21條第2項規定之其他不利處分。」這個案子中雇主要求請生理假的勞工要到公司用試紙證明針的在生理期，這種天兵等級的管理措施，被主管機關處罰真的是剛好而已……

工而予以解僱嗎？答案是，若勞工未依程序請假，雇主可以記曠工乃至解僱。

重要法院見解：
最高法院97年度台上字第13號判決

勞工因婚、喪、疾病或其他正當事由得請假。勞工無正當理由繼續曠工三日，或一個月內曠工達六日者，雇主得不經預告終止契約。勞工因有事故，必須親自處理者，得請事假。**勞工請假時，應於事前親自以口頭或書面敘明請假事由及日數。但遇有疾病或緊急事故，得委託他人代辦請假手續。**勞動基準法第四十三條前段、第十二條第一項第六款，勞工請假規則第七條、第十條分別定有明文。**準此，勞工於有事故，必須親自處理之正當理由時，固得請假，然法律既同時課以勞工應依法定程序辦理請假手續之義務。則勞工倘未依該程序辦理請假手續，縱有請假之正當理由，仍應認構成曠職，得由雇主依法終止雙方間之勞動契約，始能兼顧勞、資雙方之權益。**

　　法院承認勞工有請假的權利，但同時也認為這樣的權利並非毫無限制。勞工請假規則已經規定了**勞工有依法定程序辦理請假的義務**，因此勞工如果沒有事前請

假，或是在緊急狀態之下拜託他人請假、及時告知雇主，那麼雇主還是可以認定未完成請假的勞工屬於曠工，更進一步以此解僱勞工。

　　不過筆者個人認為還是要看狀況，勞工如果只是小感冒之類的沒有依規定即時告知雇主，事後要請病假雇主當然可以不准假而記勞工曠職，因為小感冒應該不會對「及時通知雇主」這件事產生很大的障礙；但舉個極端狀況，如果勞工是假日去爬山跌落山谷，過幾天才被救出來，那大概就能夠主張「無法及時通知雇主」，因此是「有正當理由」，雇主當然也就不能解僱了。

假日不會中斷連續三日的計算

　　本條中所稱的「繼續曠工三日」，不會計入各種假日如國定假日、例休假或是請假；同樣地，也不會因為假日而中斷其「連續」。

重要法院見解：
最高法院81年度台上字第127號判例

勞動基準法第十二條第一項第六款所謂「繼續曠工」，係指勞工實際應為工作之日無故繼續不到工者而言，其受核准請假之日，不得併予計入繼續曠工之範圍，亦不因其中間隔有該請假日而阻卻其繼續性。

　　舉例來說，公司規定週六週日為例休假不用上班，勞工週四週五連續曠工二日，接著週六週日因為本來就不用上班不會考量在內。此時，勞工如果在週一又曠工一日，那麼就連同週四週五在內，連續三個應工作的工作日都曠工，雇主得依法解僱。

　　又或者勞工週四週五曠工，週六週日為例休假，週一請特休，週二又曠工，那麼仍舊是繼續曠工，不會因為中間有例休假和請特別休假而可以中斷連續三日的計算。

「一個月」曠工達六日，該如何計算？

　　本款所稱「一個月」內曠工達六日的一個月究竟是指「日曆月」，也就是到日曆上該月的月底就重新算？亦或是指「三十日」而能跨月呢？如果能跨月的話，那要如何算？

　　對此，行政院勞工委員會（88）台勞資二字第0048187號函釋說明：「查勞動基準法第十二條第項第六款規定，勞工無正當理由繼續曠工三日，或一個月內曠工達六日者，雇主得不經預告終止勞動契約。按勞務提供係勞動者之主要義務，且勞務提供具有繼續性，而依民法第一百二十三條規定：『稱月或年者，依曆計算。』是以，本案所稱『一個月』應以首次曠工事實發生之日起依曆計算一個月。至『一個月』期間之終止應

依民法第一百二十一條規定辦理。」

民法第121條第2項：「期間不以星期、月或年之始日起算者，以最後之星期、月或年與起算日相當日之前一日，為期間之末日。但以月或年定期間，於最後之月，無相當日者，以其月之末日，為期間之末日。」

依照上面勞動部的說明與法律的規定，計算一個月的方法將會以勞工第一次有曠工的時間往後算一個月，算到「相當日」的前一日，因此是可以跨月的，如果這段期間累計有六次曠工，那麼就算是符合本款解僱事由。例如5月10日勞工第一次曠工，若到6月9日前總共有六次曠工紀錄，那就可以依規定予以解僱。

特別休假問題

之所以要把特別休假拉出來討論，是因為過往勞基法施行細則規定「特別休假」的日期是由勞資雙方議定，如果雇主不答應，勞工就不能請特別休假，最多就是雇主要在年底要把沒有休完的特別休假換成工資給勞工而已。因此，在舊法時期，如果勞工向雇主請特別休假而雇主不同意，勞工仍舊自行放假去，法院認為這就屬於曠工，例如下列判決：

重要法院見解：
最高法院104年度台上字第1031號判決

上訴人亦不否認有收受被上訴人一〇〇年八月三十日通知其返回上班之存證信函，雖主張其為免於調解前夕返回公司上班將與趙〇〇發生言語衝突，故於同年九月五日寄發存證信函向被上訴人請求給予特別休假云云。惟依勞動基準法第三十八條及該法施行細則第二十四條第二款規定，**勞工繼續工作滿一定期間，固取得向雇主請求特別休假之權利，惟不得逕行指定休假日期，仍須與雇主協商排定休假日期，以免影響雇主正常營運。**上訴人既已任職被上訴人公司十餘年，自無不知前開規定及被上訴人公司特別休假請假程序之理，然上訴人未依規定事先與被上訴人協商排定特別休假日期，逕於多日未到職後，片面指定休假日期，自難認其已完成特別休假之請假程序。則上訴人自一〇〇年八月十九日後迄同年九月五日止，既未到班提供勞務，被上訴人亦未拒絕受領其勞務，上訴人自屬無正當理由繼續曠工三日以上，被上訴人於同年九月六日依勞動基準法第十二條第一項第六款規定以存證信函通知上訴人終止兩造間之僱傭契約，尚非無據，兩造間之僱傭關係自已不存在。

但105年時勞動基準法第38條修正之後賦予勞工特別休假的決定權，勞工可以決定哪一天要放特別休假，雇主如果不希望勞工放特別休假，最多只能夠與勞工進行協商，但終究不能拒絕勞工指定特別休假的權利[26]。這樣的修法是否代表勞工可以完全不需與雇主進行協商而可以直接指定休假日期？如果雇主不同意而勞工直接放假去，到底能不能記勞工曠工呢？

如果依據新法的法律文義，勞工對於特別休假真的可以直接指定，不需要雇主同意。但也請注意，依照勞工請假規則，請假還是得事前或是及時告知雇主，而決定特別休假的期日必然是「事前決定」，沒有那種人先跑去放假之後才跟雇主說那天是要放特休，如果是先翹掉班，事後才要請特別休假，毫無疑問仍是曠工。

另外，如果勞工有「濫用特別休假」的情況，法院未必會一概支持勞方，例如公司規定早上八點上班，勞工早上六點傳一封訊息給雇主說今天要請特別休假，筆者個人就認為是一種權利濫用。

總之，105年修法新增勞工對於特別休假的決定權，目的是要讓勞工確實能夠去休假回復身心，而不是給予勞工毫無限制的特權，這點請勞工朋友務必注意。

26.勞動基準法第38條第2項：「前項之特別休假期日，**由勞工排定之**。但雇主基於企業經營上之急迫需求或勞工因個人因素，得與他方協商調整。」

補充：對勞工進行懲戒應該要考量的問題

本章是在談勞工做錯事情而被雇主懲戒解僱，當然，並不是所有的狀況都一定會需要解僱勞工，公司必定會有許多懲處措施，例如記過、降職、減年終獎金等等手段可供運用。但在我國的法律中其實對雇主懲處勞工這件事情沒有多作說明，導致有許多雇主濫用懲戒權而衍生許多問題。因此以下我們將針對雇主行使懲戒權的議題進行簡單補充。

除了「何種行為會被懲處」要講清楚之外，「懲戒手段」也要講清楚

在本章開頭我們就已經說過了，如果雇主要懲處勞工，前提是這個行為必須要在勞動契約和工作規則中明文禁止，否則勞工怎麼能夠知道哪些行為可以做？哪些行為又不能做呢？

除了「原因」要講清楚之外，「後果」同樣要講清楚，也就是要讓勞工知道自己會因為不當行為而受到「何種制裁」。

重要法院見解：
臺灣臺北地方法院103年度重勞訴字第2號判決

按勞基法第70條第6、7款規定允許雇主在自訂工作規則中，訂定獎懲及解僱事項，乃基於雇主企業之領導、組織權，而得對勞動者之行為加以考核、制裁，惟勞基法第12條第1項第4款僅有關於違反勞動契約或工作規則情節重大時，得予以懲戒解僱之規定，至較輕微之處分例如警告、申誡、減薪、降職及停職等，**雇主之裁量權除受勞基法第71條之限制外，另應遵循權利濫用禁止原則、勞工法上平等待遇原則、相當性原則為之。** 顯然雇主對勞工之懲戒，可分為一般懲戒權與特別懲戒權，前者指依據法律規定在具備法定要件時，雇主得對之為懲戒者即得加以懲戒，例如懲戒解僱（勞基法第12條規定參見），或依民法規定勞動者對雇主之生產設備等予以破壞，雇主得對之主張損害賠償者為是；**後者則其懲戒權之基礎在法律規定之外，而係事業主之特別規定，屬「秩序罰」性質，本質上為違約處罰，其方式如罰錢、扣薪、罰加班、降級、延長試用期間等，此處罰必須事先明示且公告，程序並應合理妥當。**

　　上述判決經司法院挑選為值得參考之判決，對於懲戒需要注意的各種問題都大致點到了，對人資而言頗具

參考價值。

　　法院點出，雇主之所以可以懲處勞工，是基於雇主為了維持企業的正常運作而可以對受僱的勞工進行考核、懲處。也因此，勞動基準法第70條中明文規定工作規則可以規定雇主對於勞工的懲戒措施，但也必須依規定公告周知，才可以拿來懲處勞工。

　　這個判決的案例事實是勞工被檢舉有職場性騷擾的行為，雇主經過查證而對該名勞工處以停職停薪兩個月同時調離主管職位。勞工不滿懲處結果，因此起訴請求雇主給付停薪的兩個月的工資，以及因為被調離主管職位後失去的主管加給。

　　法院審理後認定勞工有性騷擾行為屬實，且雇主針對性騷擾的調查程序、懲處手段等等都有明文規定，因此認定雇主對勞工進行停職、停薪、調職等處置都是合法的，勞工最終敗訴。

　　從案例中我們可以得知明文規範懲處手段有多麼重要。這個案子中，雇主如果沒有在工作規則中明確規定了可以對性騷擾加害人停薪，那麼就有可能被認定是擅自扣薪而違反勞基法第22條「工資全額給付義務」，除了錢可能會被討回去，還有可能會被主管機關處罰。

　　不過筆者要稍微提醒一下，雇主可以自行規定懲處勞工的手段，但絕對不能異想天開。一般來說懲處的手段不外乎申誡、記過、調職、降職、禁止升遷、扣年終

或績效獎金等等，雇主千萬不要發明一些會對勞工人格尊嚴產生損害的懲罰手段，否則可能還會被反告職場霸凌。

另外，筆者並不建議在懲處的手段中規定「罰錢」和「扣薪」，因為工資受到勞基法第22條工資全額給付義務的保護，人資在操作上一個不小心還是有可能違法。與其如此，還不如採取別的處置手段會比較安全。如果懲處手段非得要對報酬產生影響的話，也許可以從年終獎金之類的「額外給付」下手，而非直接對工資進行扣減。[27]

而針對「調職」或是「降職」，勞工如果被懲處而調職到不同的職位，因為每個職位的工作報酬不同，因此，就算工資因為調職之後變得比之前低，也不會違反法律規定。相關內容請見第七章「5.迴避解僱型調職」的說明。

懲戒程序需注意六大原則

國家設置的法院擁有巨大的權力，為了避免法官濫權，國家會透過訴訟法之類的規定對法官設下許多限制，用以保護人民。

27.也就是說，雇主不能「扣錢」，但可以「不發」某個項目的錢，例如依照公司規定不發績效、年終獎金或是紅利等，原則上不會違背勞基法第22條工資全額給付義務。但請讀者在操作時還是務必小心。

　　雇主對勞工實施懲戒權時也是類似的狀況。當雇主行使懲戒權時，其實是站在一個高高在上的地位，如果不自我監督節制，就容易淪為濫用懲戒權而做出錯誤的判斷。因此懲戒的「程序規定」是否公正、正當也是非常重要的一環。

重要法院見解：
臺灣高等法院92年度勞上字第3號判決

查雇主為了維持工作秩序，依據勞動基準法第七十條的規定，得在工作規則中制定各種懲戒方式：如扣薪、申戒、記過、降級甚至解僱。其中，除了解僱，勞動基準法第十二條第四款設有必需「情節重大」才可以解僱外，勞動基準法本身對懲戒並無明文規定，此乃有鑑於各事業各有其行業特性，故勞工違反勞動契約或工作規則，情節是否重大，雇主應依該事業的性質和需要，勞工違反行為的情節，並審酌客觀標準，於維持雇主對事業的統制權與企業秩序所需要的範圍內，作適當的權衡，尚難一概而論，應個案判斷。**客觀上是否符合「情節重大」，則可依：１平等對待原則、２罪刑法定主義的要求、３不溯既往原則、４個人責任原則、５懲戒相當性原則及６懲戒程序的公正（查清事實真相予勞工本人辯白的機會）等方面予以衡量。**另外、企業本身的特性及勞工在企業中的地位不同，對於受懲戒的程度，亦應有不同。

這個高等法院判決是筆者個人非常欣賞的判決，雖然並沒有成為廣為引用的見解，但內容中提出六大懲戒需要注意的項目確實值得企業運作時借鏡。

（1）平等對待原則

是指相同的行為要有相同的對待，不同的行為要有不同的對待。雇主在懲處勞工時必須參考企業的前例，若屬相同的情節則應有相同的處分，如果要給予不同程度的懲處，則必須要有額外、堅實的理由方得為之，否則就會違反平等對待原則。

例如過往同樣的行為雇主最多只是記過，為何這次就得要解僱勞工，雇主就應該額外提出堅強的理由，否則就會被認為處置不當。

（2）**罪刑法定主義的要求**

罪刑法定主義是指刑法上要對人民進行制裁必須要有法律的明文規定。這樣的概念沿用到企業管理，就是要求企業必須在勞動契約和工作規則中明訂各種將被懲處的行為，並使得規範明確；同時，規範明定的處分輕重也應該盡可能明確。

因此如果勞工所做的行為是規範中所無的，那原則上不應該予以懲處；而勞工違紀的行為工作規則中若有明定應當承受的懲處結果，也不應該隨意的減輕會加重。

這樣的概念其實是在告訴雇主勞動契約和工作規則等等內部規範的重要性，如果只是套用網路上的公版文件，往往會忽略了企業真實的運作需求。

除了雇主要有明文規範之外，筆者也特別強調告知勞工、施予教育訓練的重要性，正所謂「不教而殺謂之虐」，企業對於各種禁止行為應該要充分向勞工佈達，否則會失去懲處勞工的正當性。

（3）不溯既往原則

是指不能拿規範在後的規定，來處罰行為在前的勞工，不溯及既往的概念是為了讓被規範的人能夠安心，並維持企業規章的安定性。

如果雇主發現勞工做了某些工作規則中沒有訂定的行為，事後才在工作規則中明文規定，那麼也只能拿來懲處規定之後又犯的勞工，不能溯及既往去懲處規範制定前有這些行為的勞工。

（4）個人責任原則

俗語常說「個人造業個人擔」，人只為自己犯的過錯負責，現代法治國家中不應該有「連坐罰」這樣的懲處，當勞工做錯事情，受懲處的原則上就是勞工個人，不會及於其他勞工。

當然，如果是主管因為勞工的行為負擔管理責任，或是其他共事的勞工因為在工作流程中的故意或過失而

併受懲處，就不在限制範圍。但無論如何雇主不應該隨意牽連無責任的其他勞工。

（5）懲戒相當性原則

縱然勞工有違紀的行為，雇主在懲處勞工時仍應當給予相對應、適當的處分，其實就是「殺雞焉用牛刀」、「不要用大砲打小鳥」。而如何給予適當的處分就有賴人資在事前對於工作規則的適當規劃，以及在事發後給予勞工違紀行為公允客觀的評價。

（6）懲戒程序的公正

「懲戒程序的公正」主要是指「問題釐清」的程序，因此在發生違紀事件之後由誰、如何調查，乃至調查後處分如何決定等等，都是雇主應該考量的。

許多企業並未重視懲戒程序的公正性，在發生問題時，人資往往是在承受業務單位、上級主管的壓力下，在問題尚未釐清時就匆匆給予懲處，如此一來做出的懲處自然容易漏洞百出。在前端的程序偷懶，事後發生勞資爭議時要收拾，往往會更加困難。

筆者再次強調，人資從業人員要尊重自己的專業，不應該輕易地迫於壓力而做出不適當的處置，否則只會讓自己的工作越來越難進行。

這時，筆者要特別點出「給予勞工辯白的機會」是非常重要的關鍵。許多企業在對勞工進行懲處時是完全

不給勞工任何的說明機會，或許是怕給勞工說明時會橫生枝節、產生更多衝突和爭議，但這種做法其實非常不智。

　　給予勞工辯白的機會除了能夠更加完整地釐清問題，同時能留下更多的證據並顯示雇主對於公正的重視，對於懲處的合法性和公平性非常有幫助。過往筆者擔任人資時，面對被懲處的勞工都會盡可能給予陳述的機會，在後續產生爭議時反而會對雇主更加有利。

特別注意調查程序對勞工的保護

　　當雇主發現勞工有疑似違紀的行為時，進行公允的調查是非常重要的一件事。如果雇主在沒有審慎評估的狀況下就予以懲處，多半只會衍生更多爭議而已。

　　基於勞工的人格權益（名譽、尊嚴等等）的保護，筆者要特別強調調查程序中對於勞工尊重，尤其針對被指控的勞工，雇主務必要避免「未審先判」的情形發生。這在職場性騷擾的指控時更是重要，**因為如果受害者的指控不實，被指控的人此時才是真正的受害者。**

　　在懲戒的調查過程採取保密處理是最基本的。更進一步，如果是舞弊等等嚴重的事件，會建議可以暫時將當事人予以停職接受調查。

　　有讀者可能會想問「停職是否可以同時停薪」，個

人對此比較持保留意見，因為停薪比較難操作，一不小心可能會違反勞基法，所以個人會建議以「停職給薪」或是與勞工協調用請假的方式處理會比較適當。

　　針對最棘手的職場性騷擾問題，或是涉及主管對下屬霸凌這種權力不對等的狀況，筆者建議務必採取「隔離措施」，讓行為人和受害人暫時不要接觸以防二度傷害。

　　在調查過程中注意態度，我們畢竟不是法官在審問罪犯，同樣都是勞工而已。最重要的就是絕對禁止「對質」，尤其是職場性騷擾事件，因為性騷擾防治準則第18條第1項明文：「性騷擾事件之當事人或證人有權力不對等之情形時，應避免其對質」，如果讓當事人或證人對質絕對會違反性騷擾防治法和性別工作平等法的規定。而即便不是性騷擾事件筆者還是反對「對質」。因為「對質」非但不能釐清問題，而且百分之百會產生衝突，考量日後雙方還是得繼續共事，「對質」完完全全對公司治理沒有任何的幫助。

本章重點整理

★「於訂立勞動契約時為虛偽意思表示，使雇主誤信而有受損害之虞者」

　✓需要是與工作能力有關的事項，且須由雇主須證明受有損害。

　✓不能涉及就業歧視。

★「對於雇主、雇主家屬、雇主代理人或其他共同工作之勞工，實施暴行或有重大侮辱之行為者」

　✓「暴行」指暴力行為。

　✓「侮辱」是指須以對人格產生貶抑為目的（即人身攻擊)，且需符合重大的定義。

　✓因公事產生之爭執或衝突比較不會被認定為重大侮辱。

★「受有期徒刑以上刑之宣告確定，而未諭知緩刑或未准易科罰金者」

　✓需要屬於「有期徒刑」以上之處分，且判決確定。

　✓仍需通知勞工才會生效。

★「違反勞動契約或工作規則，情節重大者」

　✓需要在勞動契約或工作規則上明定。

　✓法院對於「是否情節重大」有一套客觀的審查標準。

✓勞工個人私事原則上不得為懲處的對象，例外對雇主產生嚴重影響時才可以做為懲處事由。

★「故意損耗機器、工具、原料、產品，或其他雇主所有物品，或故意洩漏雇主技術上、營業上之秘密，致雇主受有損害者」

✓以故意為前提，且雇主須要舉證

✓營業秘密不是雇主說了算，要符合營業秘密法的規定

★「無正當理由繼續曠工三日，或一個月內曠工達六日者」

✓連續三日不會被各種假日而中斷。

✓一個月依據民法的規定，以第一次曠工算至下個月的相當日的前一日。

✓未依規定的請假程序請假可認定為曠工。

Chapter 7
第七章

解僱最後手段性原則

我們透過了前面兩個章節瞭解到各種解僱事由的意義，我們再次強調，解僱事由必須要以法院歷來的解釋為主，雇主和人資不應自行過度詮釋，如果解僱不符合法定的解僱事由就會直接違法。

然而，即便確實具有合法的解僱事由，也不代表雇主能夠立刻解僱勞工，如果不符合第二步驟「解僱最後手段性原則」的話，解僱也會被法院宣告違法而無效。

究竟什麼是「解僱最後手段性原則」？該注意哪些事情？我們將在這章中完整加以解析。

1. 什麼是「解僱最後手段性原則」？

　　所謂的「解僱最後手段性原則」是指「**解僱是雇主終極、不可迴避、不得已的手段**」，**也就是解僱是一種只有在雇主萬不得已的狀況下才能夠行使的權利**。雇主若是還有較輕微的處置手段可以用來取代解僱勞工，就代表還不能算是萬不得已的情況，也就不應該進行解僱。

　　雖然在我國的法律規定中沒有明確的明文規定「解僱最後手段性原則」，但這個概念確實已經成為我國法院一致採取的法律見解，例如下列最高法院判決，因此「解僱最後手段性原則」這個環節也自然是雇主在進行解僱時必須要考量的重點。

> **重要法院見解：**
> **最高法院96年度台上字第2630號判決**
>
> 又同法第十一條第五款規定，勞工對於所擔任之工作確不能勝任時，雇主得預告勞工終止勞動契約，揆其立法意旨，重在勞工提供之勞務，如無法達成雇主透過勞動契約所欲達成客觀合理之經濟目的，雇主始得解僱勞工，其造成此項合理經濟目的不能達成之原因，應兼括勞工客觀行為及主觀意志，是該條款所稱之「勞工對於所擔任之工作確不能勝任」者，舉凡勞工客觀上之能力、學識、品行及主觀上違反忠誠履行勞務給付義務均應涵攝在內，**且須雇主於其使用勞基法所賦予保護之各種手段後，仍無法改善情況下，始得終止勞動契約，以符「解僱最後手段性原則」。**

　　「解僱最後手段性原則」這個概念其實跟管教小孩子一樣，如果沒有經過再三的教導、告誡等方式就責罵犯錯的孩子、甚至給予體罰，那麼當然會被認為管教手段失當；同樣地，對於勞工而言，解僱是最重且不可挽回的手段，當出現可能要解僱勞工的狀況時，雇主應當優先考量各種較輕的處置，確定這些手段無效之後才能進行解僱。因此說穿了，「解僱最後手段性原則」就是在看雇主「有沒有盡力避免解僱勞工」！

　　臺灣的法治原則上就是在盡可能避免雇主隨意動用解僱權，主要就是體現在「解僱最後手段性原則」這個概念。所以人資在檢視有沒有符合「解僱最後手段性原則」時，應該要捫心自問「**為了避免解僱，自己做了哪些事情？**」，再三審視有沒有解僱勞工的必要。如果雇主從頭到尾都沒有想過解僱的替代方案，二話不說就要解僱勞工，那大概就很難說已經符合「解僱最後手段性原則」。

2. 檢視是否符合「解僱最後手段性原則」的基本觀念

　　雖然有學者或是少數法院判決中認為某些解僱事由不需要檢視「解僱最後手段性原則」這個環節，但筆者還是認為所有的解僱事由都需要檢討「解僱最後手段性原則」，因為這樣才能讓解僱的決定建立在扎實、嚴謹的基礎上，降低不必要的法律風險。

　　那麼，人資應該如何衡量個案是否已經符合「解僱最後手段性原則」了，也就是「真的已經不得不解僱勞工」了呢？**基本上仍取決於個案情節的嚴重性**，也就是必須衡量「解僱事由」的嚴重程度。

　　由於各種法定解僱事由中存在著不同的責任歸屬、寬嚴標準亦不一，每個個案中的情況、嚴重性也都會有程度上的差異，因此在衡量是否「有沒有必要解僱勞工」時，也會有寬嚴不同的標準。

　　事實上，「解僱最後手段性原則」與「解僱事由」之間就像是一個蹺蹺板！如果今天要解僱勞工的理由本身是非常嚴重的問題，那麼檢視「解僱最後手段性原則」時的標準就會相對寬鬆，因為問題比較嚴重，雇主當然比較能說自己「不得不解僱勞工」；反之，如果要解僱勞工的事由本身並非嚴重的問題，例如勞工常常遲到，那麼檢驗「解僱最後手段性原則」時就會採取相對

之下較為嚴格的標準。

　　以勞基法第12條第1項第2款中「對同事施以暴行」為例，如果勞工是持刀攻擊同事，則毫無疑問地雇主能夠立即解僱該名施暴的勞工，因為勞工所做的行為本身非常嚴重，雇主當然能說自己解僱該名勞工**已經是不能避免的事情**；但相對地，如果個案中勞工只是與同事拉扯、肢體衝突，行為情節尚非嚴重，那麼還是必須要施予較輕懲戒，而非直接解僱，如果雇主立即解僱勞工就有可能違背「解僱最後手段性原則」。

3. 雇主該做哪些事才能符合「解僱最後手段性原則」？

　　承上所述,「解僱最後手段性原則」的適用仍舊與「解僱事由」有著重要關聯,因此在說明雇主該做哪些事情之前,我們要將解僱事由分成「因為經營方面因素」(勞基法第11條第1款到第4款)、「因為客觀工作能力」(勞基法第11條第5款)、「因為勞工的主觀工作態度與行為紀律因素」(勞基法第11條第5款與勞基法第12條第1項)三大類型來分別加以說明。

因為經營方面因素解僱勞工

　　勞基法第11條第1款到第4款的解僱事由都是因為雇主本身經營決策方面的因素導致需要解僱勞工,雇主必須對解僱負擔最大的責任。在這些狀況下,被解僱的勞工是無辜的受害者,此時為了保護勞工的工作權,檢視「解僱最後手段性原則」時應該會採取相對嚴格的標準。

　　我們除了要觀察雇主經營決策的狀況是否有必要解僱勞工之外,**另外就是要觀察「有無安置勞工的機會」用來取代解僱**。此時,如果有用其他的手段來取代解僱,例如「合意減薪」或是「調職」,雇主當然要優

先考慮。只要有任何留下勞工的機會而雇主卻未積極嘗
試，甚至在解僱勞工的同一時間還另行徵才，那麼自然
很難說服法官已經盡力避免解僱勞工。

　　當然，勞基法第11條第1款到第4款還是有寬嚴程度
上的區分，像是第4款「業務性質變更，有減少勞工之必
要，又無適當工作可供安置時」在審酌「解僱最後手段
性原則」會最嚴格。理由如同第五章的說明，因為這款
解僱事由讓雇主有非常非常寬鬆的運用空間，所以法院
就會對於「解僱最後手段性原則」的審查最為嚴格。

　　與之相比，第1款的「歇業」在「解僱最後手段性
原則」這個環節就會放得非常地寬鬆，甚至是不需討論
「解僱最後手段性原則」。因為雇主如果真的要永久性
地結束營業了，根本不可能有任何迴避解僱的空間，即
便要求雇主要盡力避免解僱也只是緣木求魚。

因為客觀工作能力而解僱勞工

　　在第五章時我們曾經說明過，我國的法院認為不管
是勞工「客觀上工作能力不足」或是「主觀上工作態度
不佳」都適用勞基法第11條第5款。但在檢視「解僱最後
手段性原則」這個環節時，兩者應該分開來看。

　　如果是勞工「客觀」上工作表現的問題，也就是勞
工「做不來」，那檢視「解僱最後手段性原則」時主要

就看雇主是否盡力協助勞工提升工作能力來符合工作上的需求，給予勞工改善工作表現的機會。

具體的作法無非是進行「**績效溝通**」、「**執行績效改善計畫**」、「**教育訓練**」等等，而當工作表現仍舊無法有效改善時，也應該要試著安置勞工，進行「**調職**」。

因為勞工工作表現不佳而動用勞基法第11條第5款解僱勞工的時候，法院通常也會比較嚴格。雇主除了要舉證勞工確實有表現不佳的狀況，還必須要提供溝通紀錄、績效改善計畫執行紀錄等等作為已經盡力協助勞工、避免解僱的佐證。

所以為了能夠充分舉證，人資除了應該確保公司內的各種績效改善規範充分執行、留存紀錄之外，我們也必須要教導用人單位主管妥善留存各種文件與紀錄。因為多數狀況下人資介入個案的時候多半是在中後期了，而在勞工開始發生表現不佳的前期時，則需要由用人單位協助舉證，用人單位如果不懂得如何留存各種證據，對於人資來說其實會產生很大的困擾。

因為勞工的主觀工作態度與行為紀律因素而解僱

若是勞工「主觀」工作態度不佳，或者有勞基法第12條第1項各款所列的事由，那麼被解僱當然是勞工自己

的責任，但基於解僱是個不可挽回的終極手段，即便在這些狀況下雇主仍舊還是要試圖避免解僱。這時要看雇主是否有施予例如**口頭訓誡、申誡、記過、降職、扣獎金等等「比解僱輕微的懲戒」**。

但最微妙的地方就在於，雇主有沒有必要循序漸進地予以懲處才能解僱，還是要視勞工行為情節輕重而定。**如果勞工的行為客觀上確實情節重大到根本不可能期待雇主繼續僱用勞工時，雇主就不需要遵循「先予以較輕懲處才能解僱」的限制，而能夠直接解僱勞工。**

重要法院見解：
最高法院104年度台上字第218號判決

按勞工違反勞動契約或工作規則，情節重大者，雇主得不經預告，終止勞動契約，勞動基準法第十二條第一項第四款定有明文。所謂「情節重大」應以勞工之職務及其違規行為態樣、初次或累次、故意或過失違規、對雇主及所營事業所生之影響、勞雇間關係之緊密程度，**是否達到懲戒性解僱作為衡量標準，非以雇主曾否加以告誡或懲處為斷。**查上訴人於事實審一再主張：依○○○○○台幹規範，被上訴人上、下班全部需刷卡登錄出勤，以作為人事部計薪依據，惟被上訴人身為研發部經理，負責公司「機上盒」相關產品之研發，為整個集團之主要業務，其行為舉止備受公司上下員工、廠商、客戶之矚目。乃其於五個月內高達三十一次未打卡，於離職前三十日內亦有八次未打卡、十六次遲到，導致其他員工不滿及屢遭客戶抱怨，造成公司管理困擾及商譽損害，雖經公司主管屢加勸戒，仍我行我素，一○○年十月十八、十九日更曠職兩日，去酒店喝酒導致隔天無法上班，復未請假，卻謊稱係拜訪客戶，損及公司對其信賴，嚴重違反僱傭契約及工作規則，情節重大等語（見第一審卷第六七頁、六八頁、一三八頁、一三九頁）。

乃原審未詳查細究，逕以上訴人就被上訴人上班遲
到、未打卡之違反勞動契約及工作規則之情事，除由
其所屬員工鄭〇〇於一〇〇年六月二日以電子郵件就
被上訴人同日前未打卡之行為予以告誡外，就被上訴
人其餘上班遲到、未打卡之行為，並未為其他任何告
誡或懲處，難認被上訴人遲到、未打卡，達違反勞動
契約、工作規則情節重大之程度，不符解僱最後手段
性原則，惟就上訴人上開抗辯：被上訴人復於一〇〇
年十月十八日及十九日未辦理請假手續，曠職二日至
酒店喝酒，卻詭稱拜訪客戶，及身為公司重要業務幹
部，卻行為散漫、不守紀律，造成公司管理困擾及
商譽損害等情，均恝置不論，自有判決不備理由之違
誤。

這個案子中，雇主主張勞工有多次遲到、未打卡、
曠職和造成公司商譽受損等等諸多情事，因此以勞基
法第12條第1項第4款解僱勞工。二審時法院判決勞工勝
訴，理由就是雇主在勞工有這些狀況時根本沒有進行訓
誡、懲處等等處置就直接解僱勞工不符解僱最後手段
性。

但公司上訴三審之後逆轉，最高法院點出了「是否
達到懲戒性解僱作為衡量標準，非以雇主曾否加以告誡
或懲處為斷」。用白話來說就是「如果勞工的行為本身
真的非常嚴重，那麼雇主有沒有先給予訓誡、懲戒就不

是重點」。因此最高法院基於上述理由認定二審判決以雇主「沒有懲戒就認定沒有情節重大」是沒有充分論述的判決，所以廢棄發回更審。

　　最高法院提出的概念是正確的，但適用到這個個案時其實仍有疑問。細觀本案，雇主主張勞工被解僱的理由是多次遲到、未打卡、曠職和造成公司商譽受損，老實說筆者個人認為根本不符合「情節重大」，雇主要解僱該名勞工應該是依據勞基法第11條第5款「主觀工作態度不佳」加以處理，而不是第12條第1項第4款。[28]

　　如果這個個案中的雇主是以勞基法第11條第5款解僱勞工，主要的爭執點還是會回到究竟有無符合「解僱最後手段性原則」的問題。

　　本案雇主對於勞工的各種不當舉止沒有施予任何的訓誡、懲處，其實就是管理上不夠細緻周延所造成的。如果真的認為「遲到、未打卡、曠職和造成公司商譽受損」是重要的問題，依常理來說，又怎麼會沒有任何的懲處紀錄呢？如果這間公司願意在管理上多花心思，留下各種溝通、懲處的紀錄，又怎麼會需要花大量資源與時間來進行後續的爭訟？

28.事實上，在發回更審之後，高院繞過了究竟有無「情節重大」這個問題，直接用雙方已經合意終止勞動契約判決勞工敗訴，因此我們也不能得知高院最終是否認定情節重大。詳見臺灣高等法院104年度勞上更（一）字第4號判決。

回到「解僱最後手段性原則」在勞工的「主觀工作態度不佳」與「行為紀律因素」方面的問題的適用，前提仍是以勞工的行為情節是否嚴重為依據。

因此，如果是勞基法第11條第5款「主觀工作態度不佳」，一般來說不會符合「情節重大」，而是呈現「大錯不犯，小錯不斷」的情形，這時雇主必定要先給予訓誡、懲處乃至調職等等，最終才能進行解僱。

但相對來說，勞基法第12條第1項懲戒解僱的各款事由就會依據情節輕重而有寬嚴不一的狀況。筆者認為在「解僱最後手段性原則」方面本質上就會從寬認定的，包括了第1款、第3款和第6款。

第1款「於訂立勞動契約時為虛偽意思表示，使雇主誤信而有受損害之虞者」，因為法院認為本款限於勞工虛偽意思表示的事項會對於雇主是否決定僱用產生重大影響。這代表如果符合這樣的情況，雇主本來就不會僱用這個人，因此也根本不可能期待雇主在發現勞工求職時的欺瞞行為後還有解僱以外的選項，所以雇主應當可以輕易符合解僱最後手段性原則的檢驗。

第3款「受有期徒刑以上刑之宣告確定，而未諭知緩刑或未准易科罰金者」，則是基於勞工在服刑期間客觀上不可能提供勞務，都已經有一段時間不可能工作了，那麼自然不可能期待雇主有解僱勞工以外的轉圜餘地。

而第6款「無正當理由繼續曠工三日，或一個月內

曠工達六日者」則是法律上非常明確地訂出了情節重大的界線（連續三天或是一個月內六天），因此一旦符合法律規定的狀況，就不可能期待雇主採取解僱以外的處置。

上述三款解僱事由應該會比較容易符合「解僱最後手段性原則」的檢驗，除此之外，勞基法第12條第1項第2款、第4款和第5款都還是要看個案中的具體狀況，如果確實「情節重大」，那麼檢視「解僱最後手段性原則」時就會比較寬鬆，相對地，若並非明顯屬於情節重大時，則應該還是要先進行較輕微之懲處。

但無論如何，最保險的做法始終是無論情節是否重大都積極地進行管理並留存紀錄，才是降低法律風險的根本手段。

小結

最後整理起來，在檢視是否符合「解僱最後手段性原則」時，應該依據不同事由並問以下的問題：

（1）如果是雇主經營上的問題而要解僱勞工，是否已經沒有其他方法可以安置勞工？

（2）如果是勞工客觀工作表現的問題而要解僱勞工，是否曾經給予改善績效表現的機會？是否已經沒有其他方法可以安置勞工？

（3）如果是勞工主觀工作態度與行為紀律問題而要
　　解僱勞工，行為的情節是否情節重大？如果情
　　節尚非重大，是否曾有施以較輕微的懲戒手段
　　而未收成效？

　　筆者要在此再度提醒，法院採取「解僱最後手段性
原則」見解的根本目的就是要避免雇主解僱勞工。我們
要求雇主做那麼多事情，絕對不是允許雇主「只要曾經
做了這些管理手段就可以解僱勞工了」。

　　有太多雇主認為只要曾經做過訓誡、懲處或績效考
核等等管理手段，就一定能夠符合「解僱最後手段性原
則」而合法解僱勞工，這是錯誤的。我們要求雇主採取
這些手段的根本目的，是要看看能不能有轉圜的餘地並
確保勞工的工作權，而不是讓雇主只是徒具形式、多走
一個流程而已。

　　所以，請讀者務必正確體認「解僱最後手段性原
則」的根本目的，**如果雇主採取管理手段之後「已有成
效」，就不應該解僱勞工！**

4. 請務必遵循勞動契約與工作規則

　　「解僱最後手段性原則」就是在看雇主有沒有其他可以替代解僱的手段，這時自然要參考雇主自己訂定的勞動契約與工作規則中的內容，但許多雇主往往忽略了這一點，違反自己白紙黑字寫下的規定。

　　再次提醒，很多雇主以為只有勞工要遵守勞動契約與工作規則，這是錯誤的觀念。**勞動契約與工作規則在法律上都是一種契約，契約不會只拘束一方，而是契約雙方當事人都必須遵守。**因此雇主自己本身當然也要遵守勞動契約和工作規則，如果雇主在勞動契約和工作規則中明訂了懲戒或績效改善相關的程序，卻在發生問題時沒有充分執行便解僱勞工，當然就無法說服法院已盡「解僱最後手段性原則」。

　　以下以勞工「主觀」上工作態度問題與「客觀」上績效表現不佳，各舉一例，在這些案件中雇主就是忽略了自己工作規則與績效考核辦法的規定，才被法院宣告解僱無效。

主觀工作態度問題的案例

重要法院見解：
臺灣臺中地方法院107年度勞訴字第193號判決

然而，依系爭契約第11條第1項約定：「乙方應遵守甲方訂定的…工作規則…」，依《○○市政府○○局臨時人員工作規則》第57條第6款規定：「臨時人員有下列情事之一者，經查證屬實且有具體事證者，予以申誡：…六、不服從長官及管理人員之合理指揮，或交辦事項執行不力，情節輕微者。」（見本院卷第95頁）。依同規則第58條第12款規定：「臨時人員有下列情事，經查證屬實且有具體事證者，予以記過：…十二、不服從長官及管理人員之合理指揮，或交辦事項執行不力，情節嚴重者。」（見本院卷第95頁反面）。**準此，本應按規定依情節輕重給予原告申誡或記過，已足使其警惕改過**，況被告為政府機關，更應依法處理。此外，同規則第61條規定：「臨時人員考核結果，依下列規定列為續僱與否之依據：一、甲等：80分以上，續僱，發給一點五個月月薪之年終獎金。但獎懲抵銷後，年度內有達記過之處分者，不得考列甲等。二、乙等：七十分以上不滿八十分，續僱，發給一點五個月月薪之年終獎金。三、丙等：六十分以上不滿七十分，續僱，無年終獎金。四、丁等：不滿六十分，依勞動基準法第十一條

> 第五款之規定終止勞動契約。年終考核列丁等者，終
> 止勞動契約，處分前應給予當事人陳述及申辯之機
> 會。…」（見本院卷第95頁反面），**可見在最後手**
> **段即考績丁等而終止勞動契約之前，尚有考績丙等而**
> **無年終獎金之選項。**
>
> （中略）
>
> 可見，**被告既未予原告申誡或記過，又有考績丙等而**
> **無年終獎金之選項可採，對應原告違反忠誠履行勞務**
> **給付義務之程度，應已綽綽有餘。** 被告捨此不為，貿
> 然解僱原告，自難認符合「解僱最後手段性原則」，
> 故被告依勞動基準法第11條第5款終止系爭契約，難
> 認有效。

　　該案中，雇主認為勞工有懈怠、不服長官指揮等問
題而將其考績打成丁等，故依據勞基法第11條第5款予以
解僱，勞工不服提出訴訟。

　　雇主辯稱有告誡勞工並多次為勞工調整職務，最終
才解僱勞工。但法院指出雇主對於勞工有懈怠、不服長
官指揮等等主觀態度不佳的問題，已經在工作規則中明
定可以予以申誡、記過等處分，但雇主顯然並未依照這
些規定進行處置；另一方面，該單位的工作規則中對於
表現不佳的人進行考績評比也不是只有丁等解聘唯一一

途，尚有丙等考績而扣發年終獎金等選項。

因此雇主在工作規則中還有諸多較解僱輕微的管理手段都沒有嘗試的狀況下便逕自解僱勞工，自然違反了解僱最後手段性原則，解僱無效。這就是一個忽略自己的工作規則，而導致解僱無效的案例。

客觀工作能力問題的案例

> **重要法院見解：**
> **臺灣高等法院105年度重勞上更(二)字第5號判決**
>
> 按依被上訴人制定「員工手冊」關於「績效管理政策」第5點「管理表現不佳的職員」規定，被上訴人係採取漸進式評核標準，僅於員工連續6個月績效評等4/或在展現價值評等方面得到D時，始為表現不佳，應訂定績效改善計畫（PIP），由員工及主管共同擬定一個行動計畫，並列出修訂後之財務/企業目標（SMART）達成時間表並進行定期檢視，以提供員工改善機會。**改善期間為3個月**，績效改善計畫之檢視及輔導以1個月為單位，並追蹤考核員工是否已達績效要求，若未達績效要求，**須進行3次績效改善計畫仍未通過，且無法改善，始予以解僱**，以符合解僱最後手段性原則，已如前述。

（中略）

且證人即蔣○○之主管郭○○亦於原審到庭結證稱：「執行PIP績效改善計畫口頭加書面，我對原告（即蔣○○）至少超過6個月以上，書面2次，囡為第3次12月24日他被解僱，所以沒有做完」等語，有言詞辯論筆錄可證（見原審卷三第196頁）。**則蔣○○並未經三次績效改善計畫而未通過，顯與上開績效改善計畫規定有違。**且被上訴人並未安排蔣○○轉任其他職務，即逕行終止系爭契約，為被上訴人所不爭執。故蔣○○主張：被上訴人於97年12月31日逕行解僱蔣○○，違反解僱最後手段性原則等語，即為可採。被上訴人依勞動基準法第11條第5款規定終止系爭契約，並不合法。

　　這個案子是十多位被資遣的勞工與雇主間進行確認僱傭關係的訴訟，纏訟多年後多數案件已告確定，但仍有零星幾位發回更審，包含本案中兩個當事人。

　　其中，針對遭到雇主依據勞基法第11條第5款「工作能力不能勝任」而被解僱的蔣姓勞工，這位勞工在被解僱之前確實有績效不佳的狀況，且雇主也有依照所訂定的績效改善計畫給予改善機會，但問題在於雇主雖然有給勞工改善的機會，卻沒有「做足」。

法院指出，雇主既然明訂績效改善計畫應執行三次，每次三個月，三次都無法通過之後才能解僱。但依據證據顯示，蔣姓勞工在第三次進行績效改善未滿三個月時就遭到解僱，法院認為雇主未遵循自己明文之規定就解僱勞工，當然不符解僱最後手段性，所以認定解僱無效。

後續雇主再度上訴最高法院，亦被最高法院以勞方經過績效改善流程，表現確實有所改善，且雇主未依規定給予三個月改善期，違反解僱最後手段性甚為明確而駁回雇主上訴。

正當程序的重要性

承接上述的說明，雇主訂定的內部規範在發生勞資爭議時是至為重要的關鍵，尤其在程序規範方面，第六章中提過的「臺灣高等法院92年度勞上字第3號判決」就將「懲戒程序的公正」列為重要的考量因素。

人資應盡力確保該做的各種內部程序都有做足，包括給予當事人辯白和澄清機會，才能確實降低法律風險。

在進行懲處的時候，勞工做了甚麼，雇主有甚麼規範等等實體上的問題固然重要，但懲處的程序也是不容忽視的重點。許多公司懲處的程序往往訂立的過於粗

糙，又或者是求快，未徹底執行規定的流程導致漏洞百出，容易在後續產生訴訟時產生致命的破綻。績效管理上的程序也是相同的道理，改善期給多久、目標如何設定等等，既然訂出來了自然必須要完整地加以遵循。

　　當然，如何在制度化之下仍舊保有各種流程的彈性，就有賴人資工作者對制度設計的功力了。

5. 迴避解僱型調職

為了迴避解僱而進行的調職大概是審查有沒有符合「解僱最後手段性原則」時最重要的觀察重點。「迴避解僱型調職」在法院及學說上被稱作是雇主的「安置前置義務」，也就是原則上必須要在無職缺可以讓勞工選擇的狀態之下才能進行解僱。但在進行這項措施的時候，仍不免會遇到調動方面的法律問題，以下分別加以說明。

調動五原則的適用

勞動基準法第10-1條規定：「雇主調動勞工工作，**不得違反勞動契約**之約定，並應符合下列原則：一、基於企業經營上所必須，且不得有不當動機及目的。但法律另有規定者，從其規定。二、對勞工之工資及其他勞動條件，未作不利之變更。三、調動後工作為勞工體能及技術可勝任。四、調動工作地點過遠，雇主應予以必要之協助。五、考量勞工及其家庭之生活利益。」本條即是以過往內政部調動五原則函釋為基礎而立法明文化的規定。

在進行「迴避解僱型調職」時原則上仍須要遵守勞基法第10-1條，但一般來說，學者和法院多認為可以採

取比較寬鬆解釋的立場。畢竟勞工如果不接受調職就會被解僱了，相較於調職帶來的不利益，應該還是保有工作權比較重要。

　　但無論如何，人資在進行調職時仍舊必須盡可能遵守調動五原則的規定，以避免衍生其他爭議。

調動原則上應取得勞工同意，但「迴避解僱型調職」是例外

　　在早期的判決中，例如最高法院77年台上字第1868號判決：「嗣後資方如因業務需要而變動勞方之工作場所及工作有關事項時，除勞動契約已有約定，應從其約定外，資方應依誠信原則為之，否則，應得勞方之同意始得為之。」就已經明白揭示了一般的調動需要先在簽訂勞動契約時就作約定，如果沒有約定，就得要在進行調動時得到勞工的同意後方得為之。

　　後續訂定的勞基法第10-1條也明白規定調動勞工的工作不可以違背勞動契約的約定。如果勞動契約中根本沒有約定調動的問題，就容易產生爭議。

　　然而，因為「迴避解僱型調職」是為了保障勞工工作權，因此法院曾指出在符合調動五原則的前提下，勞工並無拒絕調動之權利。

> **重要法院見解：**
> **臺灣高等法院105年度重勞上更(一)字第1號判決**
>
> 按勞基法第11條第4款後段所稱「業務性質變更，有
> 減少勞工之必要，又無適當工作可供安置」，明示雇
> 主資遣勞工前必先盡「安置前置義務」，必無處可供
> 安置時，最後不得已才可資遣勞工，學說上稱為迴避
> 資遣型的調職，其目的在於確保勞工工作權，**倘雇主**
> **已提供與其勞工能力相當之適當新職務，基於尊重企**
> **業經營自主權及保障勞工工作權之平衡，勞工對於雇**
> **主之安置調職無拒絕接受之權利，**以確保僱用地位為
> 最優先考量，若勞工任意拒絕，要求雇主仍需強行安
> 置，當非立法本旨。

　　該案中四名勞工本是公司聘僱的駕駛，但因為公司
進行組織與職務調整而被列為裁員之目標，但雇主給予
四名勞工調職的機會，並且給予無須考試即可任職且在
六個月內考取證照即可的寬鬆條件，但仍遭勞工拒絕調
職，最終雇主還是解僱勞工。

　　二審時高等法院判決勞工勝訴，雇主上訴最高法
院。最高法院認為雇主如果已經善盡調職等等應盡的義
務而仍遭勞工拒絕的時候，如果還強迫雇主要再進行安
置就太過頭了，並非立法的目的，因此認定二審判決有

誤，廢棄發回更審（最高法院105年度台上字第144號判決）；爾後更審時就以此見解認定雇主已盡力安置，勞工無權拒絕調職，逆轉判決勞工敗訴。

因此，在雇主符合勞基法第10-1條調動五原則的前提下，勞工是不可以拒絕「迴避解僱型調職」的。話雖如此，筆者個人還是建議要事先在勞動契約之中約定「雇主可以在符合法令的前提下，基於避免解僱而調動勞工之工作，勞工不得拒絕」，才能避免許多不必要的爭執。

調動五原則的具體適用問題

在「迴避解僱型調職」如何適用調動五原則方面，若雇主真的是為了迴避解僱，那當然不會是不當動機；而若是針對工作地點的調動，那麼雇主給予必要協助，並且需要考量勞工與其家庭生活利益也是必然的。真正容易產生爭議的是「有無對工資及勞動條件作不利變更」和「調職後工作是否為勞工體能及技術可以勝任」這兩點。

（1）因為職務調動產生的工資減少未必會構成「工資及勞動條件作不利變更」

調動最常見的爭議就是薪資待遇會因為調動而進行

調降，這時勞工就會主張雇主違反勞基法第10-1條第2款所以調動無效，但勞工這樣的主張未必正確。

因為我國法院長期認為每個職務的工作內容不一樣，報酬也會不一樣，即便勞工調職後薪資總額變少也未必會構成「工資及勞動條件作不利變更」；而且在進行「迴避解僱型調職」時，因為目的是要保有勞工的工作權，相較於工作直接沒了，即便因調職減少勞工的薪資也不能說是對勞工較為不利。這樣的觀點可以參考下列判決的說明。

> **重要法院見解：**
> **臺灣臺北地方法院106年度重勞訴字第72號判決**
>
> 查原告無法勝任會計部門副理一職，業如前述，被告乃將其調任同部門之課長職務，以迴避解僱，**尚難認有何不當之動機或目的，客觀上亦非於原告之技術、體能上所不能勝任**，應認該調職有其企業經營上之必要性與合理性。而調職乃雇主對勞工人事配置上之變動，**調職通常必伴隨勞工職務、職位及特定津貼等內容之變更，勞工因擔任不同之工作，其受領之工資因而伴隨其職務內容有所調整，是審究薪資及其他勞動條件是否為不利之變更，不應僅以工資總額是否減少作為認定之依據。**查依被告公司晉升規定，晉升後之月薪，依新職等按〈職務津貼表〉調整職務津貼後，

反映在月薪，副理、課長職之職務津貼各為25,000元、15,000元（見卷一第97頁），是原告調整職務前、後之薪資，僅有職務津貼之差異，而原告調整職務前後所擔任之副理與課長職位既有高低不同，且擔任副理之職務及責任自較課長為繁重，因而給與較多金額之職務津貼，該伴隨職務調整而產生之職務津貼之變動，應屬合理，難認係屬雇主對勞工薪資及勞動條件作不利之改變；且被告係因原告無法勝任副理職務，乃調整其職務，採取對原告影響較輕微之處分，以迴避解僱，對原告並無不利益。是被告對原告所為調職、減薪之處分，並無不法，原告請求被告給付其遭減薪之薪資差額、105及106年度特休未休之工資差額及因減薪而短少提撥之勞工退休金，即非有理。

　　這個案子中雇主對勞工進行「迴避解僱型調職」，將勞工的職位從副理調成課長，**同時減少職務津貼**。勞工當然主張這是對工資與勞動條件的不利變更，但法院指出調職前後的兩個職務本就不同，雇主給予不同職務不同的薪資待遇並無不合理或違法之處。

　　但仍請注意，上開說明並不是認為調職之後減薪就必然合法，法院還是會個案加以審酌，這時，公司內的職務敘薪規定就會是非常重要的佐證。這個案子中雇主

能勝訴的關鍵就是能提出內部的晉升辦法，證明了副理和課長的職務津貼本來就有所不同。若能明確證明公司調派勞工至特定職位的敘薪方式如何計算，多半就能說服法官並無「對工資及勞動條件作不利變更」。

（2）「調職後工作是否為勞工體能及技術可以勝任」應採寬鬆見解

如果雇主將勞工調動到一個根本作不來的工作，無非就是要逼勞工離職，那麼調動當然會是不合法的。而「迴避解僱型調職」的目的本質上就是為了留下勞工，自然也應當遵循同樣的原則，否則調動根本就沒有意義。

但麻煩的地方在於，我們不可能期待一間公司既存的職缺就是那麼剛好地符合勞工的需求，在基於保有勞工工作權的前提下，如果雇主提供給勞工的職缺是略為不符合勞工的體能與技術時，原則上應該會一定程度從寬認定為符合法規，而不會硬性要求雇主一定要提供勞工完全能勝任的工作。

但把勞工調職到與工作能力不完全相符的工作時，雇主也應該要給予勞工必要的協助，例如教育訓練，適應觀察期間、調降績效目標等等措施，讓勞工逐漸、循序漸進達成新職務上的要求。

再次強調，「迴避解僱型調職」是為了留下勞工，而不是為了解僱勞工而作作樣子，所以雇主不應該惡意地將勞工調往不可能符合其能力的職務，還是要盡可能找到適合勞工的職缺，並給予適當的協助。

「迴避解僱型調職」的具體操作建議

「迴避解僱型調職」容易產生的爭議，無非是勞工被解僱之後指責雇主沒有盡力協助其調職，依據法院舉證責任分配的規定，原則上應該由雇主方來負擔舉證責任並證明已經盡力協助勞工進行調職。

為了要證明雇主確實有盡力避免解僱，筆者會建議在進行「迴避解僱型調職」時以**書面方式**提供勞工目前公司所有職缺清單，並註明每個職務所需之工作能力、工資待遇等等讓勞工進行確認，給他們幾天思考是否要挑選裡面的職缺。

如果勞工回覆認為所有職缺皆無法符合其需求，那麼人資就能接著繼續進行解僱程序；如果勞工有屬意特定職缺，人資則應當協助勞工安排單位面試等任用流程。

此時，雇主到底可不可以拒絕勞工調換至特定職務的請求？筆者認為應該要視狀況而定，除非該職缺確實有一些資格是勞工客觀上難以符合的，否則筆者還是會

建議不妨讓勞工嘗試看看。

　　另外，實務上有些公司會給予勞工一定的績效觀察期間作為緩衝，例如給予勞工三至六個月的適應觀察期來考取證照或是漸進式調整績效目標，都是值得參考的處置方式。

　　但筆者需要提醒，這些調動的條件與限制請務必以書面加以明定，例如勞工同意調動後有三個月觀察期，如仍未達績效目標即予以解僱，寫清楚，之後如果勞工還是不符合工作上的需求而要解僱勞工時，就比較不會衍生後續爭議。

6. 無薪假法律問題

　　在金融海嘯之後，無薪假成為企業因應景氣問題的一大管理工具。無薪假本質上就是為了讓企業度過經營上的困境，同時避免直接解僱對勞工產生的衝擊，因此透過與勞工協調減少工作時間同時減少雇主的薪資負擔，因此也可以視為一種迴避解僱的工具，也是因應景氣不佳而裁員之前的最後手段。

　　我國對於無薪假並沒有法律上的規定，而是透過主管機關的行政管制來加以處理。

　　依據勞動部「因應景氣影響勞雇雙方協商減少工時應行注意事項」，雇主不得片面宣告無薪假，必須與勞工進行協商後並通報地方主管機關，始得為之。如果雇主片面宣布無薪假，將會違反勞基法第22條工資全額給付義務而遭主管機關開罰；另外，即便放無薪假，勞工的工資亦不得低於基本工資的標準。期限方面，無薪假原則上為三個月，如需再延長需經再次協商。

　　最重要的是，在放無薪假之前，主管機關認為雇主必須要優先減低負責人、董監事與高階經理人的福利或分紅，如果沒有採取這些措施就直接放無薪假，地方主管機關可能會不予核准。

　　無論如何，放無薪假絕對是一個困難的大工程，請務必尋求地方主管機關、律師協助。

7. 日常溝通的紀錄是重要的關鍵

前面說了很多為了符合「解僱最後手段性原則」該作的事情，但如果沒有留下紀錄作為日後發生爭議時的佐證，說再多、做再多都沒有任何的意義。

在一個有規模的企業，如果已經進入正式的績效改善流程或是懲戒程序，相信企業內多半會留有相關的紀錄可供日後爭議時加以佐證。但真正麻煩的是，在人資正式介入之前，用人主管有沒有留下一些證據？

在啟動公司規定的正式程序之前，用人主管就應該要在勞工發生一些狀況時先行介入加以處理。此時，用人主管如果沒有留下適當的溝通紀錄，那麼日後發生爭議時也很難向法院主張雇主已經有積極地處理這些問題。

如何訓練用人主管的管理意識，協助他們留下各種與部屬的溝通紀錄，是人資的重要工作。更進一步，除了要教導用人主管留下溝通紀錄之外，也要協助輔導他們進行溝通的內容。

管理是在日常當中的，而不是出事情才管理。如果對象是整個單位，例如單位的定期會議、宣導等等，可以留下紀錄作為日後產生問題時的重要佐證。**我們可以教導主管在開會時將相關資料印出讓與會勞工簽名，妥**

善留存，又或者是先開會，等到會後再將會議資料寄到
員工電子信箱，留下的副本也能夠當成佐證。

主管一對一的溝通需要特別教導

如果是主管同時對多名員工進行溝通或佈達，比
較不用擔心舉證的問題（在怎麼樣都能找其他員工當證
人），相比之下，一對一的溝通才是比較麻煩的情形。

許多用人主管在勞工出現狀況時確實會跟勞工進行
一對一溝通，但常常會忘記留下證據，這就需要人資適
度加以提醒，但真正最怕的是用人主管用糟糕的方式進
行一對一溝通。

太多用人主管習慣用威脅式的語氣在進行溝通管
理，甚至在溝通完之後要求勞工「畫押」（筆者每次都
戲稱這叫「咒誓tsiù-tsuā」）承諾改善。

但溝通的目的是要改善，我們留紀錄的理由也只
是要證明自己曾經基於善意向勞工作過這樣的提醒，那
麼為何要語帶威脅？為什麼要逼迫勞工直接作出任何承
諾，甚至簽名畫押？這種直接但是粗魯的作法實際上不
過是賣弄主管的權威與便宜行事，對於改善勞工表現不
會有任何的幫助，還會產生反效果，提高勞工的疑慮和
對抗心態，把事情弄得更糟。

試想，你是一個勞工，你的主管找你一對一溝通時

威脅你再不改善就要解僱你，並要你簽名承諾一定會改善。這時你會不會擔心公司是不是馬上就要對我動手？如果是的話，為了要自保，身為勞工的你會不會想要開始蒐集各種資料，找公司違法的證據，與主管講話時都錄音，甚至指控主管對我職場霸凌？

我想，上述這種情形是絕對可以想像，也是多數人所不樂見的，因此我們當然要避免這種情形發生。

切記，溝通永遠都有更佳的進行方式。

筆者被詢問到要如何與工作狀況不佳的勞工進行一對一溝通時，都會建議用人主管找勞工溝通時是基於關心的心態，語氣只要平鋪直述即可，讓勞工知道問題在哪，要做哪些事情，**完全不需要特別讓員工承諾甚麼。**

而在對談結束後，用人主管可以寫封簡單的電子信件，或是用通訊軟體留訊息給勞工，將剛才溝通的要點列出來並鼓勵勞工積極改善，這樣就夠了！

舉例來說，假設有個勞工近期常常遲到，那麼主管可以在跟勞工進行溝通之後留封簡訊給勞工，內容簡單寫到：「剛才我們已經針對遲到的問題溝通過了，還請務必注意出勤狀況，日後如果真的是因為某些不可抗力因素而遲到，也請立刻讓我知道，加油！」內容完全不需要威脅，也不需要要求任何承諾，勞工如果收到或已讀這個訊息我們的目的就已經達成。日後如果真的因為遲到而發生爭議，我們只要能拿出這些訊息的副本，就

能證明主管已經做過溝通，勞工當然不能耍賴。而且因為過程和語氣是平順的，勞工也比較不會產生對抗心態而衍生其他問題。

　　這些日常管理中的小小技巧看似微不足道，但往往會產生很大的影響，也是人資工作者應當與用人單位主管一同努力的目標。

本章重點整理

★「解僱最後手段性原則」是指「解僱是雇主終極、不可迴避、不得已的手段」。

★雇主須避免解僱勞工，原則上須用盡各種合法手段而無效之後，才能說解僱勞工是不得已的。

★因為雇主經營上的問題而要解僱勞工，須先盡力安置勞工。

★因為勞工客觀工作表現的問題而要解僱勞工，需先給予改善績效表現的機會並且盡力安置勞工。

★因勞工主觀工作態度與行為紀律問題而要解僱勞工，需視行為情節是否情節重大？如果情節尚非重大，需要施以較輕微的懲戒手段而未收成效才能解僱。

★調職和無薪假都是迴避解僱的重要手段。

★日常溝通紀錄是最容易被忽略的重要證據。

第八章

限制、禁止解僱事由

　　在勞動法當中有許多限制或禁止雇主解僱勞工的規定，這代表了在特定狀況下，即便雇主確實有解僱勞工的事由，也符合解僱最後手段性，但法令上還是不允許雇主動用解僱權。

　　這些限制或禁止的規定散落在不同的法令之中，有些是關於「時間」方面的問題（超過某個期間不得解僱勞工，或是特定期間不得解僱）、有些則是針對解僱的「動機」方面的問題（不得因為某些因素解僱勞工），以下將分別介紹這些規定。

1. 懲戒解僱的「除斥期間限制」

勞動基準法第12條第2項規定：「雇主依前項第一款、第二款及第四款至第六款規定終止契約者，**應自知悉其情形之日起，三十日內為之。**」本條是對懲戒解僱的「除斥期間」限制。

依據這個規定，除了第3款「受有期徒刑以上刑之宣告確定，而未諭知緩刑或未准易科罰金者」以外，其他的懲戒解僱事由都必須在雇主「知悉」的那天起的30天內完成解僱，**超過30天之後以此事由解僱勞工的權利就消失了**，因此就算是勞工確實有錯，也不能再以同一事由解僱勞工。

這個規定的目的是為了避免雇主濫用解僱權而導致勞資關係不穩定。試想，如果勞工做了某件不該做的事情，雇主卻沒有立即處理，等到過了一年半載之後的某一天才突然用這個理由來解僱勞工。如此一來，勞工將無法安心地工作，勞資關係就會陷入一種非常不穩定的狀態。所以法制上規定當勞工做錯事情構成勞基法第12條第1項的解僱事由，雇主應該要盡早在30天之內進行處理，否則就不能再以這個事由發動解僱。

更何況，如果從知道勞工做錯事情那天起已經滿30天了雇主還不解僱勞工，立法者的預設立場認為這就代表問題並沒有那麼的嚴重，當然也就不能當成解僱勞工

的理由了。

何謂「知悉其情形之日」？從何使開始算？

　　勞動基準法第12條第2項的主要爭議點是「自知悉其情形之日起」應該從何時起算？例如，公司在3月1日發現有人盜用公款，但不知是何人所為，3月10日發現可能是某A員工涉嫌，一直到4月15日才調查確定是A做的，並於隔日通知解僱A。針對這個問題，應該是要從哪一天起算雇主知悉其情形之日，解僱是否有超過30天的限制呢？答案是不會的，因為我們會以最後完成調查之日，也就是4月15日開始起算除斥期間。

重要法院見解：
臺灣高等法院106年度重勞上字第39號判決

按勞動基準法第12條第2項所謂「知悉其情形」，依同法條第1項第4款之情形，自應指對勞工違反勞動契約或工作規則，情節重大有所確信者而言。如未經查證，是否真實或屬虛偽，既不可得而知，自無所謂「知悉」可言，否則，如僅憑報案人單方指訴，不調查審酌被訴者之辯解，或未謹慎查證，則於事實真相無清楚知悉之情形下，貿然予以解僱，殊非保障勞工之道及勞資關係和諧之法。故該三十日之除斥期間，自應以調查程序完成，客觀上已確定，即雇主獲得相當之確信時，方可開始起算。

　　這個案例中被解僱的勞工於在職期間參與了雇主的競爭對手的業務活動，與雇主產生重大利益衝突而違反勞動契約，因而在105年7月26日時被雇主以違反勞動契約情節重大予以解僱。

　　勞方主張雇主是在105年4月時就知道了勞工的行為，但一直拖到7月份才解僱勞工，因此違反勞動基準法第12條第2項；但雇主則辯稱105年4月時只能說是知悉勞方有嫌疑，因為雇主沒有任何證據，所以在105年5月時開始展開調查，至105年6月30日請勞方於105年7月4日前

提出可澄清與競爭廠商關聯的相關證明文件，但勞方並未在期限提出，因此最終於105年7月26日予以解僱。

法院指出，如果雇主只是單純懷疑、還沒詳加查證就算是「知悉」的話，這樣反而會迫使雇主得要貿然解僱勞工，因此應該要以調查程序完成之日，雇主「確信」勞工違規時才算是「知悉」。

很明顯地，法院給予這條較寬的解釋範圍來方便雇主操作，不過筆者還是要提醒，如果雇主一直藉口說還在調查、嚴重拖延，可能還是無法說服法官。因此如果知道有問題發生了，應該還是要趕快調查釐清、做出決策，才能避免不必要的爭議。

「除斥期間」遇到「禁止解僱期間」，該怎麼辦？

勞動法令中有很多規定要求雇主在特定期間內不得解僱勞工，主要是勞基法13條的「職災醫療期間」、「分娩或流產前後停止工作期間」，以及勞資爭議處理法第8條「冷卻期」間的規定，筆者稱之為「**禁止解僱期間**」。

假設雇主知悉勞工做了不該做的事情而需要在30日除斥期間內解僱勞工，但是卻不巧剛好遇到了上述這些「禁止解僱期間」，例如勞工做錯事情的隔天就剛好發

生職業災害，需要療養兩個月，依據勞基法第13條的規定這兩個月內不能解僱勞工，這時能否暫停除斥時間30天的計算呢？如果不行的話，等到勞工醫療結束後必然就超過30日的除斥期間了，那這時還能以同一事由解僱勞工嗎？

　　針對這個問題，筆者必須老實說，因為法律對於這個問題並沒有明文規範，因此筆者也沒辦法提供確切的答案。但最高法院曾有見解認為遇到類似情形，可以「暫停」除斥期間的計算：

重要法院見解：
最高法院99年度台上字第2054號判決

然勞基法第十二條第二項所謂知悉其情形，應指雇主已明確知悉勞工確定有無正當理由連續曠職三日，或一個月曠工達六日之情事。又勞資爭議處理法第七條規定旨在保障勞工合法之爭議權，並使勞資爭議暫時冷卻，使勞資雙方等待勞資爭議調解委員會或仲裁委員會之調解或仲裁結果，避免爭議事件擴大，故雇主關於勞資雙方在爭議調解期間內所涉爭議事件之終止權，在該段期間內被限制暫時不得行使，此時若繼續計算勞基法第十二條第二項之三十日除斥期間，無異使雇主須在勞工申請調解之前即先為終止契約之表

示，以避免該三十日不能行使終止權之不利益，恐使雇主為爭取時間而在未充分瞭解事實等相關問題之情況下即先為終止，如此對勞工應更為不利。**應認雇主在上開調解期間內既不能行使終止權，則該調解期間不應計入上開三十日除斥期間，待調解結束後，雇主解僱權可行使之情況，再將之前所經過之時間合併計算。**

按照最高法院的意見，如果雇主要懲戒解僱勞工的時候遇到「禁止解僱期間」，這時候可以先暫停30日除斥期間的計算，等到這些禁止解僱的狀況被排除之後再將前後兩段時間合併重行繼續算滿30日。如下圖所示：

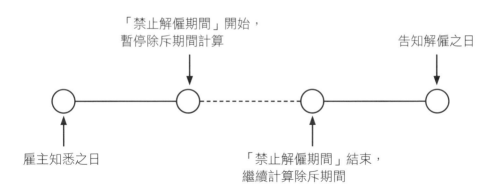

　　上圖來說，除斥期間就是實線的部分，虛線則是「禁止解僱期間」。只要進入「禁止解僱期間」時除斥期間的計算就會暫停，也就是虛線部分不計入30日除斥期間計算，而結束「禁止解僱期間」後除斥期間就會繼續計算。此時，只要前後兩段實線的期間加總沒有超過30日，那麼就沒有超過除斥期間不得解僱的問題。

　　舉例來說，雇主在1月1日時知悉勞工違反工作規則情節重大，本來應該在30日內，也就是要在1月30日前以此事由解僱勞工，超過了就不得再以這個事由解僱勞工。但假設勞工在雇主尚未通知解僱前針對此項勞資爭議在1月11日申請調解，直到1月20日調解不成立，因為1月11日到1月20日這段期間雇主依據勞資爭議處理法第8條「冷卻期」的規定不得解僱勞工，因此這10天可以暫停計算，接著再從1月21日繼續計算除斥期間，因此雇主最終可以依據同一事由懲戒解僱勞工的期限就是2月9日。如下圖說明：

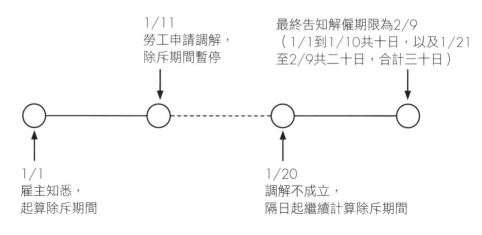

1/11
勞工申請調解，
除斥期間暫停

最終告知解僱期限為2/9
（1/1到1/10共十日，以及1/21
至2/9共二十日，合計三十日）

1/1
雇主知悉，
起算除斥期間

1/20
調解不成立，
隔日起繼續計算除斥期間

2.「分娩前後停止工作期間」與「職業災害醫療期間」不得解僱

　　勞動基準法第13條規定：「勞工在第五十條規定之停止工作期間或第五十九條規定之醫療期間，雇主不得終止契約。但雇主因天災、事變或其他不可抗力致事業不能繼續，經報主管機關核定者，不在此限。」，這是一個關於「特定期間內禁止解僱」的規範。

　　這邊所謂的「停止工作期間」是指勞基法第50條：「女工分娩前後，應停止工作，給予產假八星期；妊娠三個月以上流產者，應停止工作，給予產假四星期。」也就是產假或是流產假；而「醫療期間」則是指勞工依據勞基法第59條遭遇職業災害後的醫療期間。

　　縱使符合解僱事由與解僱最後手段性，但在勞工分娩、流產假停止工作期間和職災醫療期間，除非有但書所說的幾種特殊狀況，否則雇主仍舊不能解僱勞工。

　　另外，職業災害勞工保護法第23條[29]也大致與勞基法13條相同，規定只有在特殊狀況下才可以預告終止與

29.職業災害勞工保護法第23條：「非有下列情形之一者，雇主不得預告終止與職業災害勞工之勞動契約：一、歇業或重大虧損，報經主管機關核定。二、職業災害勞工經醫療終止後，經公立醫療機構認定身心障礙不堪勝任工作。三、因天災、事變或其他不可抗力因素，致事業不能繼續經營，報經主管機關核定。」

職業災害勞工的勞動契約。

「職業災害醫療期間」是甚麼意思？何時算是結束？

　　勞基法第50條的「停止工作期間」非常明確，所以可以不需要多做探討。但相對之下「醫療期間」就有些不知所云了。勞基法第13條就一句簡單的「醫療期間」雇主不得終止契約，但具體來說到底甚麼是「醫療期間」？期間到底有多長？甚麼時候算是「醫療期間」結束？法條上並沒有寫清楚。

　　依照勞動部和法院的見解，所謂職業災害醫療期間包括「醫治」及「療養」，連後續的「復健」也包含在內，一直到「**其工作能力恢復之期間為限**」（參照最高法院90年度台上字第1800號判決、行政院勞工委員會78年勞動3字第12424號函）。而是否可以「回復工作」就必須交由職業醫學專科的醫師來協助加以判斷。

　　這時就有必要討論「回復工作」的問題。勞動基準法第59條第2款的醫療中不能「工作」，**依據勞動部的見解是指勞動契約中「原本約定的工作」**，所以一般來說「醫療期間」的結束是以能夠回復原本約定的工作為止。

　　但老實說，如果是重大的職災案件，勞工要盡復舊觀幾乎是不太可能的，這時若經過醫師診斷之後認定勞工雖然不能回復原本的工作，但仍有工作能力，如果雇主要讓勞工調換成較輕便工作，勞工是否能夠拒絕呢？

　　對此，勞動部的函釋見解認為：「查勞動基準法第五十九條第二款所稱勞工在醫療中不能工作，係指勞工於職災醫療期間不能從事勞動契約中所約定之工作。**至於雇主如欲使勞工從事其他非勞動契約所約定之工作，應與勞工協商。**」（行政院勞工委員會（85）台勞動三字第 100018 號函）也就是說，主管機關認為要不要接受調換工作是勞資雙方自行約定的項目，勞工可以有選擇權。

　　但法院的態度似乎和勞動部有一點點不同，曾有雇主要職災勞工配合調動至較輕便工作，但勞工拒絕配合而被雇主以連續曠職三日解僱的案例，法院判決雇主勝訴。

重要法院見解：

臺灣高等法院97年度勞上字第78號判決

按勞工因職業災害受傷，於醫療期間，依勞基法第13條前段規定，雇主固不得終止勞動契約。惟勞工於職災傷害治療期間，如其工作無礙於必要之醫療，勞工仍有服從雇主指示提供勞務之義務。又勞工因健康因素不適應原有工作時，依勞工安全衛生法第13條規定，雇主有予以醫療，及變更作業場所，更換工作，縮短工作時間及為其他適當措施之法定義務。**是勞工於職災傷害醫療期間，如經雇主合法調整其工作及提供適當之措施後，已無礙於職災傷害之醫療者，勞工即應依雇主之指示提供勞務**，如其無正當理由而有連續曠職3日之情形，雖於職災傷害醫療期間，雇主仍得依勞基法第12條第1項第6款之規定終止其勞動契約，此乃因職災傷害醫療期間內勞工所為之惡意行為，應不在勞基法第13條保護範圍之故。

　　這個案子中勞工在96年4月25日工作過程中遭到貨品砸傷導致蜂窩性組織炎，毫無疑問地屬於職業災害，因此請公傷假休養。因為已經休養許久，但直到96年7月30日基隆醫院仍開立要繼續休養兩週的醫療證明，雇主便要求勞工到台大醫院就診，否則應該配合到新單位報

到。但勞工則以存證信函拒絕配合就診及調動，因此最終被雇主以曠職三日解僱。

對此，**法院認為如果雇主經合法調整其工作及提供適當之措施後，若對職災醫療已無大礙，則勞工還是要配合出勤，不能片面以仍在醫療而拒絕出勤。**因此最終判決勞工敗訴，雇主解僱有效。

所以按照法院的見解，如果經醫療評估，職災勞工已經回復至一定程度而可以從事一些工作的時候，在雇主合法調整其職務並且提供適當之措施後，雇主還是可以要求勞工配合出勤而不能拒絕。

不過回到本案，雇主能勝訴的原因大概是勞工明顯有濫用權利的狀況，雖然勞工主張自己的腳受傷，但卻還是被雇主拍到穿著高跟鞋行走、駕車，甚至在這段期間開始籌備設立自己經營的坐月子中心，導致法院的心證顯然偏向雇主這方。

針對於職災勞工的醫療期間認定與復工問題，筆者建議應在醫療初期時就與勞工協商約定看診、復工評估等事宜；勞方也不應該以為遇到職業災害後能夠無限上綱，仍應依據醫囑評估是否能工作，並且適時與雇主進行協調。

但筆者個人還是希望法制上能有一套關於職業災害的復工評估的法定流程，才能讓勞資雙方依循，這就有賴政府加以規範了。

勞工在「分娩前後停止工作期間」和「職災醫療期間」中真的就獲得免死金牌了嗎？

　　勞基法規定在勞工「分娩前後停止工作期間」與「職業災害醫療期間」雇主不得予以解僱，雇主也不能解僱勞工。這是不是代表勞工在這些期間就獲得了免死金牌了？還是說有例外的情形？

　　這個問題真的非常困難，老實說正反意見都有，但最高法院曾針對個案提出見解認為勞基法第13條之規定不區分解僱事由，縱使雇主依據勞基法第12條取得終止契約的權利，但在13條規定職災醫療期間雇主仍舊不得解僱勞工，必須等到醫療終止後仍有解僱事由存在才可解僱勞工。

重要實務見解：
最高法院100年台上字2249號

又勞基法第十三條雖規定在同法第五十九條因職業傷害之醫療期間，雇主不得終止契約，然該條對於雇主不得終止契約之限制，僅以雇主不得於該職業傷害之醫療期間，以勞工有不能勝任工作為終止依據部分為限，若雇主有其他依法令得為合法終止之事由時，仍得為合法之終止。本件上訴人於九十七年十一月十一日前既已有違反工作規則情節重大之情事，被上訴人即已取得合法終止之權利，其所為終止自不因上訴人嗣後所受職業傷害而變成不合法。從而，上訴人請求確認兩造間之僱傭關係存在，並請求被上訴人給付薪資，為無理由等詞，為其判斷之基礎。按勞工在勞基法第五十九條規定之醫療期間，雇主不得終止契約，同法第十三條前段定有明文。此項規定係因勞工受職業災害，其情堪憫，為避免勞工於職業災害傷病醫療期間，生活頓失所依，而對於罹受職業災害勞工之特別保護，應屬強制規定，雇主違反上開規定，終止勞動契約者，不生契約終止之效力。蓋在此種情形下，勞工雖不能提供勞動，但仍可獲得工資之給付（勞基法第四十三條參照），雇主如於該醫療期間對勞工解僱（終止契約），勞工所得頓時中斷，又無法轉往他處就職，將使其陷於困境，有違勞基法保障勞工權益

及加強勞工關係之本意（勞基法第一條參照），爰對勞基法第十一條及第十二條所規定雇主之解僱權，明文加以限制，此乃雇主終止勞動契約之禁止及例外規定。而所謂職業災害，依勞基法第一條第一項後段適用勞工安全衛生法第二條第四項規定，係指勞工就業場所之建築物、設備、原料、材料、化學物品、氣體、蒸氣、粉塵等或作業活動及其他職業上原因引起之勞工疾病、傷害、殘廢或死亡而言。因此，勞工於職業災害傷病之醫療期間，**縱雇主已取得合法終止契約之權利，依勞基法第十三條前段之規定，雇主仍不得終止契約，必俟該醫療期間終了後，勞工仍有合於解僱之事由存在或發生，雇主始得依規定予以解僱，初不問其解僱之事由為何而有不同，更不以「勞工對於所擔任之工作確不能勝任時」（同法第十一條第五款）為限，俾符第十三條規定之趣旨。**

這個案件中勞工是大客車駕駛，在97年12月1日被雇主以過去一年累計三大過，依據勞基法第12條第1項第4款予以解僱。而該案的主要爭議點在於勞工主張在97年11月19日因工作時產生的行車糾紛遭他人毆傷尚在休養，屬於職業災害，因此勞工認為依據勞基法第13條之規定雇主不應該在醫療期間內解僱他。

　　首先，本案勞工因行車糾紛而遭人毆傷一事被認定是職業災害，因此解僱發生的時間點確實是在職業災害的醫療期間，但問題在於勞基法第13條的適用範圍究竟是「無論何種解僱事由都不能在職災醫療期間解僱勞工？」還是「僅限於勞基法第11條第5款的工作能力不能勝任？」如果是後者的話，那麼這個案子中的雇主仍得以依據勞基法第12條第1項第4款來解僱勞工。

　　在更一審時法院採取後者，認為勞基法第13條在解釋上只能用於勞基法第11條第5款「工作能力不能勝任」的情形，因此雇主還是可以在醫療期間中以勞基法第12條解僱勞工。更一審法院指出，如果勞工在發生職災之前就有嚴重違紀的狀況，卻僅僅是因為勞工發生了職業災害而在醫療期間不得解僱，再加上勞基法第12條第2項又限制雇主必須要在知悉之日起三十日內行使解僱權，這麼一來很可能導致勞工確實有嚴重的違紀問題，但雇主根本不可能解僱勞工，導致解僱權利形同虛設。因此認定本案中雇主是以勞基法第12條第1項第4款解僱勞工，不受到勞基法第13條的限制，故而解僱有效。

　　但勞工上訴最高法院時發生逆轉，最高法院採取了前者的見解，也就是不論何種解僱事由都受到勞基法第13條的限制。縱使勞工確實有違反勞動契約或工作規則情節重大而使雇主能依據勞基法第12條第1項第4款予以解僱，但在職業災害醫療期間就是不能夠解僱勞工，故廢棄發回更二審。最終本案確認雇主是在勞工發生職業

災害醫療期間時行使解僱權，違反勞基法第13條而解僱無效，勞工勝訴。

依據本案最高法院的見解，在職災醫療期間等等禁止解僱期間雇主絕對不得解僱勞工，代表勞工還真的是拿到了免死金牌。因此對於雇主來說，尤其是職業災害方面，最根本的解決之道還是避免職業災害的發生，否則一旦發生職業災害，除了勞工的去留會產生難解的問題之外，雇主也免不了負擔高額的補償和賠償責任。

不過雇主真的沒有方法能夠應對嗎？也不是的。

如同本章前述「『除斥期間』遇到『禁止解僱期間』，該怎麼辦？」所說明的，最高法院99年度台上字第2054號判決認為，雇主雖然在「禁止解僱期間」受到限制，但同時也停止了勞基法第12條第2項除斥期間的計算。因此，如果等到「禁止解僱期間」結束後，知悉解僱事由之日到「禁止解僱期間」開始前這段期間，加上「禁止解僱期間」結束後到通知勞工解僱這段期間，兩段期間合計未超過30日，那麼還是能以同一事由發動解僱。

不過筆者要提醒，雖然法院允許雇主可以等到「禁止解僱期間」屆滿之後才發動解僱權，但針對分娩停止工作期間的勞工以及遭遇職業災害的勞工進行解僱，乍看之下就像是在找勞工的麻煩，容易被認定具有不當動機。因此真的要進行解僱的話，請務必以最嚴格的標準

審慎評估每個步驟的合法性並且確保證據完整，否則還是有可能會被法院認定違法。

不得在分娩、流產假停止工作期間進行解僱，而非不得解僱懷孕婦女

很多人資工作者總是想問，勞工如果懷孕，到底可不可以發動解僱？答案是，可以的。

懷孕這件事情不是保障女性勞工拿到免死金牌，因為13條是禁止分娩、流產停止工作「期間」內解僱勞工，而不是針對懷孕這件事情去進行規範。因此只要雇主確實擁有解僱事由、符合解僱最後手段性，只要不是在分娩、流產停止工作期間，還是可以對於懷孕的女性勞工進行解僱。

但真正的問題是，解僱懷孕勞工會有懷孕歧視的嫌疑，因此雇主並不是不能解僱懷孕婦女，只是容易被認定具有不當動機。因此真的要解僱懷孕的女性勞工時，請務必加倍地慎重，確保一切的流程皆合法並能夠證明自己沒有任何的不當動機。這部分請參考本章後面關於「就業歧視解僱禁止」的說明。

3. 勞資爭議調解、仲裁、裁決期間禁止解僱

　　勞資爭議處理法第8條規定：「勞資爭議在調解、仲裁或裁決期間，資方不得**因該勞資爭議事件**而歇業、停工、終止勞動契約或為其他不利於勞工之行為；勞方不得因該勞資爭議事件而罷工或為其他爭議行為。」

　　本條俗稱「冷卻期」，規定勞資雙方在進行勞資爭議調解、仲裁、裁決期間不得對另一方採取不利的行動。理由很簡單，因為既然勞資雙方都已經試著透過打官司以外的方式想要來磋商、解決勞資爭議，那麼請雙方認真地、好好地坐下來談。不要一方面在談判，另一方面卻又對對方進行不利措施，這樣根本就不可能達成共識。

限於同一勞資爭議事件才有「冷卻期」的適用

　　本條主要爭點在於法條中的「因該勞資爭議事件」如何解釋？原則上，只有同一勞資爭議事件才會有本條的適用。

　　舉例來說，假設勞資雙方因為A事件進行調解，那雇主就不能基於A事件而解僱勞工；但如果雇主解僱勞工是基於B事件，就不是法律的禁止範圍了。

重要法院見解：
臺灣高等法院103年度勞上字第43號判決

然查，依勞資爭議處理法第8條規定，勞資爭議在調解、仲裁或裁決期間，資方不得因「該勞資爭議事件」而歇業、停工、終止勞動契約或為其他不利於勞工之行為；倘非因該勞資爭議事件，而另有其他正當理由，則資方尚非不得終止勞動契約。本件上訴人於102年6月26日向臺北市政府申請勞資爭議調解，所主張之勞資爭議，係上訴人於102年6月26日電子郵件所稱：被上訴人授權何○○處長與上訴人於102年6月18日協商辦理留職停薪或請長期無薪假等事項及被上訴人將上訴人在公司所使用之網路帳號停用，禁止上訴人在公司辦公室內之任何活動致上訴人無法行使勞工之義務等情；而被上訴人於102年7月13日寄發存證信函表示終止勞動契約，則係基於上訴人應於102年6月26日到班，卻連續4日未到班等情。可見被上訴人於上訴人申請勞資爭議調解後終止勞動契約，係基於上訴人所主張勞資爭議以外之正當理由，被上訴人所為並無違反勞資爭議處理法第8條規定。

　　這個案子中勞方因為利用公司的資訊系統去台鐵訂票並加以販賣而涉及偽造文書遭判刑，雇主得知之後為

了確保公司的系統不再被濫用，便停止勞工使用公司系統的權限，並與勞工協商暫時停職但遭勞工拒絕。勞方認為雇主的作法是片面變更勞動條件，因此提出勞資爭議調解並且主張在調解結束之前拒絕提供勞務，雇主便在勞工連續拒絕到班四天後予以解僱。

勞工認為雇主的解僱違反勞資爭議處理法的冷卻期規定，但法院指出，勞工申請調解的是「資訊設備使用權」和「留職停薪」的問題，與雇主解僱勞工的「連續曠工四天」是兩件不同的爭議事件，因此不受冷卻期拘束。

同時，法院也在判決中直指：「申請勞資爭議調解並不影響其到班提供勞務，竟以申請勞資爭議調解為由拒絕到班，更稱：無法行使勞工之義務，6月26日無需到公司等語，顯非正當理由。」因此認定勞工確實有無正當理由連續曠工的情形，解僱有效。

冷卻期的起算時間點

一旦開始起算冷卻期，雇主的解僱權就有可能受到限制，因此冷卻期的起算時間點是從何時起算就變得非常重要。

從行政法的角度，冷卻期的起算時間點應該從雇主收到主管機關寄送的調解、仲裁或裁決的開會通知時

才開始起算。但如果是採取這種計算方式，因為從「申請」到「收到」開會通知的這段期間至少會有幾個禮拜的空窗期，為了避免空窗期之中雙方對另一方進行任何不利行為，所以法院認為冷卻期應該從勞資雙方當事人向主管機關申請之時就開始起算，一直到調解、仲裁或裁決結束為止，這部份請參考下列判決。

重要法院見解：
最高法院97年度台上字第1459號判決

又勞資爭議處理法第七條、第八條所謂「調解期間」，**係指自勞資爭議當事人向直轄市或縣（市）主管機關提出依同法第十條規定記載之調解書之時或主管機關依職權交付調解並通知勞資爭議當事人之時（見同法第九條）起**，其因勞資爭議調解委員會無法作成調解方案而視為調解不成立者（同法第十九條），至直轄市、縣（市）主管機關將調解紀錄送達勞資雙方當事人之時止（同法第二十條）；其經勞資爭議調解委員會作成調解方案者，至爭議當事人雙方同意並在調解紀錄簽名而調解成立之時（同法第十七條），或爭議當事人任一方對調解方案不同意時（同法第十八條）止。

---

4. 大量解僱協商期間禁止解僱

　　大量解僱勞工保護法第10條規定：「經預告解僱之勞工於協商期間就任他職，原雇主仍應依法發給資遣費或退休金。但依本法規定協商之結果條件較優者，從其規定。**協商期間，雇主不得任意將經預告解僱勞工調職或解僱。**」

　　這條規定非常冷僻，是92年大量解僱勞工保護法訂定時經過立法院朝野協商訂出來的條文，目的是為了避免在大量解僱時雇主任意調動或解僱勞工，來確保勞工的權利。不過，勞動部和法院認為如果雇主仍有合法調動或是解僱事由時，仍然可以調動或解僱勞工。

重要法院見解：
臺灣臺南地方法院107年度勞簡上字第13號判決

「協商期間，雇主不得任意將經預告解僱勞工調職或解僱。」大量解僱勞工保護法第10條第2項定有明文。該條文之立法理由為保障經預告解僱勞工於協商期間時，不致遭雇主任意調動或解僱，損害勞工協商權。勞動部另以107年12月14日勞動關3字第1070129292號函復本院稱：「**若事業單位如有法定可調動及解僱勞工之事由，仍可依法辦理。**」

　　不過說實在的，會需要用到這條的狀況大概是少之又少，人資夥伴大致上只要知道有這樣的規定即可。

5. 申訴、檢舉報復禁止

　　由於勞資之間權力高度不對等，勞工先天而言就比雇主來得弱勢，也因此才有公權力介入的必要。不過公權力仍有極限，有些權益還是有待勞工自己出面爭取，凡事都要求政府主動介入管理實際上是不太可能的。即便法律賦予了勞工許多權利，如果勞工依舊不敢出面主張自己的權利，那法規制定的再嚴謹也沒有太大的意義。因此，法律上對於勞工出面捍衛自己的權益有給予額外的保護，也就是雇主不能因為勞工進行申訴或檢舉而給予包含解僱在內的任何不利益對待。

　　這種禁止雇主對於勞工申訴檢舉進行報復的規定非常非常多，包括勞動基準法第74條第1項至第3項[30]，勞動檢查法第33條第4項[31]、職業安全衛生法第39條第1項及第

4項[32]、性別工作平等法第36條[33]等等。

如果雇主本來就要懲處勞工，勞工卻搶先提出檢舉，雇主是不是就不能懲處勞工了？

　　並非如此。法律所禁止的是雇主「因為勞工提出申訴」而給予不利處分，但如果雇主不是因為勞工提出申訴，而是確實因為勞工有其他的問題而予以解僱時，並不在法律所禁止之列。但真正的問題是因果關係和舉證，雇主要如何證明自己不是因為勞工去申訴才給予報復，這才是棘手的問題。

　　如果雇主在勞工進行申訴之後不久就給予不利處分，那麼容易被推定具有不當動機，這時會很難撇清責任，如果沒有充分的證據和正當性之下，真的要給予勞工不利處分是有非常高度的風險的。

　　當發生這種狀況的時候，人資工作者可以捫心自問「真的不是要報復勞工嗎？」事實上許多雇主都還是有一定程度混雜著不當動機的。

32.職業安全衛生法第39條第1項：「工作者發現下列情形之一者，得向雇主、主管機關或勞動檢查機構申訴：一、事業單位違反本法或有關安全衛生之規定。二、疑似罹患職業病。三、身體或精神遭受侵害。」；同條第4項：「雇主不得對第一項申訴之工作者予以解僱、調職或其他不利之處分。」
33.性別工作平等法第36條：「雇主不得因受僱者提出本法之申訴或協助他人申訴，而予以解僱、調職或其他不利之處分。」

　　因此，筆者對於這個問題只能提醒讀者，真的要給予提出申訴的勞工任何不利處分的時候，都務必要慎重再慎重。

6. 歧視性解僱禁止

　　如果雇主是基於就業歧視這種不當動機來解僱勞工，除了解僱無效之外，也會同時遭受就業歧視的處罰。以下針對就業歧視的相關概念加以說明：

什麼是就業歧視？有哪些類型？

　　就業服務法第5條第1項規定：「為保障國民就業機會平等，雇主對求職人或所僱用員工，不得以種族、階級、語言、思想、宗教、黨派、籍貫、出生地、性別、性傾向、年齡、婚姻、容貌、五官、身心障礙、星座、血型或以往工會會員身分為由，予以歧視；其他法律有明文規定者，從其規定。」本條規定是就業歧視禁止的基本規範。

　　所謂的就業歧視，是指雇主對於受僱者或求職者，以「與工作能力無關的特質」而進行「不合理的差別待遇」。因此，如果雇主是以就業服務法第5條第1項所羅列的18種「特質」來給予勞工或是求職者不當的差別待遇，就有可能觸法。尤其國人某些根深蒂固的刻板印象，時常會觸犯到就業歧視的禁令，對此人資不可不慎。

　　在各種就業歧視的類型中，最常見的當然是性別歧

視，臺灣有許多對於職業的刻板印象，例如常見求職廣告上寫著「徵會計小姐」，就是一種明顯的性別歧視。另外，解釋上包含懷孕、婚姻、性別認同都屬於性別歧視的範疇，人資工作者應該謹慎面對。

另外，「出生地歧視」（尤其針對新住民）、「年齡歧視」（不分年齡層）、「容貌歧視」（針對於人的外在）、「身心障礙歧視」等等也都是常見的就業歧視類型。

而在107年時就業服務法把「星座歧視」和「血型歧視」列入就業歧視禁止項目，無非就是有雇主真的無聊到以星座和血型來對求職者進行差別待遇。修法時其實有一併討論要將「命理」列入，但可惜最終只有加入星座和血型。因此，如果現階段雇主用八字、算命等命理問題對於勞工或求職者進行差別待遇，雖然不會直接違法，但終究是一種非常不適當的行為，請務必避免這種情形發生。

涉及就業歧視項目不能問，更不可能以此解僱勞工

在第六章討論第12條第1項第1款「於訂立勞動契約時為虛偽意思表示，使雇主誤信而有受損害之虞者」時，筆者已經說明過，法院和主管機關認為涉及就業歧視的各個項目因為原則上與工作能力無關，因而是不能

向勞工加以詢問的，而且即便問了也不能當作僱用與否的依據，所以更不可能主張勞工對這些項目未據實以告而解僱勞工。

依據這樣的見解，雇主當然不能因為勞工在求職時未告知懷孕、或是未告知有精神疾病等等本身就涉嫌就業歧視的問題來解僱勞工。若雇主仍是堅持以此解僱勞工，除了解僱無效之外，更會因此受到重罰，雇主不可不慎。

詳細內容請讀者再參閱第六章的說明。

表面上沒有歧視，不代表沒有問題

就業歧視包含兩種類型，一種叫做「直接歧視」，另一種叫做「間接歧視」。

「直接歧視」相對容易理解，也就是直接可以觀察到雇主對於特定特質有差別待遇，例如在求職廣告上限男，就是直接以性別做為差別待遇的基準。雇主若是以如此赤裸裸的方式對於勞工進行歧視，那被主管機關處罰也只是剛好而已，稍微有常識的雇主及人資大概都不會讓自己陷入「直接歧視」的狀況。

現實當中真正麻煩的是「間接歧視」。所謂的「間接歧視」是指，雇主的措施看起來是中性、不帶歧視的，**但這個措施實際產生的影響卻會對特定族群帶來不**

公平。舉例來說，雇主在徵才廣告中限制應徵者不得有老花眼，就有可能是一種變相的年齡歧視，又或者雇主決定加薪的幅度是依照勞工實際出勤天數來決定，這就忽略了女性相對於男性會有產假、生理假而導致實際出勤天數比男性低的情形，因此可能被認定構成性別的間接歧視。

　　乍看之下公平的措施，實際上卻是隱含歧視的類型才是我們需要審慎加以預防的。以下的經典判決即是一例。

重要法院見解：
最高行政法院101年度判字第1036號判決

按就業服務法第5條第1項規定明文禁止雇主以年齡為限制條件而致年齡就業歧視，其立法意旨在於雇主在求職者或受僱者之求職或就業過程，不得因年齡因素而對之為直接或間接之不利對待，是無論雇主係以直接以年齡因素，設定為僱用員工、解僱員工或給予員工福利之條件，或雖未直接以年齡為條件，但間接設定其他因素，並因該因素連結之結果，將與年齡發生必然之關連，終致員工將因年齡因素而與勞動條件發生牽連，均應認係因年齡因素而予員工不當之歧視，始為允當，故該年齡歧視，自不應僅限於直接歧視之情形，應兼涵間接歧視之情況。

　　A航空臺灣分公司因為重整與經營緊縮打算縮減規模，遂提出優離優退方案讓員工申請。但是因為員工申請意願不高，最後A公司只能發動裁員，並以此強迫員工選擇優離優退。對此，部分被解僱的空服員向主管機關提出就業歧視評議，就業歧視評議委員會認定A公司的做法構成年齡歧視，故對A公司開罰。A公司不服，所以提起行政爭訟。

　　在這個案子中，A公司抗辯解僱空服員並沒有針對年齡，而是針對空服員的「功能性」、「薪資成本」與「近三年考績」等因素作為解僱與否的考量；但是主管機關的審議以及後續法院審理皆指出，**因為A公司的薪資設計結構使得「薪資成本」與「員工的年齡」間有高度正相關**，也就是年紀越大，勞工的薪資就越高。所以當雇主以「薪資成本」作為解僱與否的判斷基準時，就會變相對於年紀較大的空服員產生不利，此時就已經構成年齡的「間接歧視」。縱使雇主再進一步考量薪資成本較高的員工近三年的考績表現，也無法排除以「薪資成本」決定解僱優先順序對於年紀較大的空服員產生的不利影響。因此最終最高行政法院仍然認定構成年齡的間接歧視，A公司敗訴。

　　以上案例中，管理者大概是非常直觀地認為用「薪資成本」決定解僱優先順序是非常公平且必要的，而忽略了可能隱含年齡歧視的問題，對於讀者而言是非常好的教案和警惕。

　　當雇主在決定解僱勞工時，尤其是發生大規模解僱要選擇解僱對象時，請務必審慎思考解僱所根據的因素是不是會與各種歧視產生連結，尤其是年齡與性別。縱使解僱所根據的因素表面上不是與年齡、性別等等就業歧視禁止類型直接相關，但仍有可能構成間接歧視，人資不可不慎。

有差別待遇並不一定是歧視，要看合不合理

　　就業歧視不是禁止差別待遇，而是禁止不合理的差別待遇。因此，雇主如果有給予勞工或求職者差別待遇的合理理由，那麼即便確實有差別待遇也不會因此違法。

　　舉例來說，職業安全衛生法第30條第1項規定了雇主不可以讓懷孕中的女性從事某些具有危害性的工作，例如會接觸到鉛、汞的作業。這個規定對於懷孕中的女性產生了差別待遇，但是規定的目的是為了要保護母體和胎兒，理由非常正當，當然也就不會構成就業歧視了。

　　除了法律的直接規定之外，如果雇主能夠證明特定的「特質」與工作能力有直接的關聯且無可避免、沒有任何的折衷方案，那麼也能主張差別待遇合理，也就是某個工作只能夠由具備特定特質的人來擔任。例如女性內衣販賣店家只僱用女性店員，若是為了女性客戶的隱私需求，一般來說還不至於會被認定為就業歧視。

　　但要注意，**這種抗辯都是極端的例外**，也就是法律上會用非常嚴格的角度來加以檢視，所以也不是雇主說了就算的。臺灣人對於職業的刻板印象太重，許多觀念上認為天經地義的事情，例如保鑣、保全因為要孔武有力，因此只招募男性，這就單純是刻板印象。因為整體來說男性雖然比女性佔體能上的優勢，但個別女性的體能未必就一定或輸給個別男性，所以徵保全限男性就不能主張這種差別待遇合理。

特別注意疾病歧視

　　就業服務法第5條第1項是一個「列舉式」的規定，這代表就只有法條上所寫的18種「特質」會構成就業歧視，其中剛好就沒有「疾病」這一種類型。

　　我國勞動法體系中雖然沒有「疾病歧視」的概念，但在衛生法規當中目前卻有三種疾病的類型是受到相關法規所保障的，分別是由「人類免疫缺乏病毒傳染防治及感染者權益保障條例」[34]所保障的「HIV病患」，由「精神衛生法」[35]所保障的「精神疾病病患」，由「傳染

34.人類免疫缺乏病毒傳染防治及感染者權益保障條例第4條第1項：「感染者之人格與合法權益應受尊重及保障，不得予以歧視，拒絕其就學、就醫、就業、安養、居住或予其他不公平之待遇，相關權益保障辦法，由中央主管機關會商中央各目的事業主管機關訂定之。」

35.精神衛生法第22條：「病人之人格與合法權益應受尊重及保障，不得予以歧視。對病情穩定者，不得以曾罹患精神疾病為由，拒絕就學、應考、僱用或予其他不公平之待遇。」

病防治法」[36]所保障的「傳染病病患」，如果雇主基於這三種疾病而給予勞工或是求職者不利待遇，將會被衛生主管機關予以處罰。

　　在這三種疾病當中，最特殊的大概就是「精神疾病」，如果勞工所罹患的「精神疾病」嚴重到勞工被認為屬於身心障礙，那麼勞工主管機關還是可以以就業服務法第5條第1項的「身心障礙歧視」來處罰雇主，此時就業服務法的罰則會比精神衛生法還要重上許多倍。

　　除了上述三種情形之外，我國並沒有其他的疾病歧視禁止類型，但請雇主還是務必注意依據職安法管理勞工的身體健康，依據職場醫護人員和醫囑判斷勞工的體況適不適合從事特定工作。

　　疾病歧視的案子並不常見，以下大概是歷來疾病歧視中最重要的案例。

36.傳染病防治法第12條：「政府機關（構）、民間團體、事業或個人不得拒絕傳染病病人就學、工作、安養、居住或予其他不公平之待遇。但經主管機關基於傳染病防治需要限制者，不在此限。」

重要法院見解：
臺灣新北地方法院108年度簡字第18號判決

本件原告於106年3月13日知悉陳君為愛滋感染者後，即要求陳君離職及調職等行為，此等行為明顯歧視陳君。況且陳君應徵原告員工職務乃擔任第一線門市人員，並於106年3月1日開始上班，倘因陳君具高學歷而需至桃園擔任辦公室文書工作，為何原告知悉陳君為愛滋感染者後，於106年3月17日方有此職務安排？此等說法明顯推卸責任，刻意不使陳君回任原職位繼續工作。準此，若非因原告執意要求陳君離職之行為，即陳君自得繼續工作，維持其原有就業權益，惟原告確實知悉陳君為愛滋感染者後，一連串要求陳君調整職務及調職等行為，並無提出其有何可供參考比較之事實指標，藉以說明被歧視者與該參考之事實指標，反係刻意不使陳君回任原職位繼續工作，為不公平之差別待遇，侵害陳君維持其原有就業權益無疑。

　　案例中，飲料店僱用了一名員工，門市主管後來才知道該員罹患愛滋病並旋即要求其離職並調動其職務。雖雇主抗辯一開始是門市主管誤會愛滋有汙染食材的可能性，經過解釋後已經向員工道歉，但主管機關仍舊

指出要求離職本身就是歧視行為；且後續雇主要求其調職，認為該員有大學學歷適合擔任行政職而希望員工調離門市，但主管機關質疑為何此項安排是發生在知悉員工患有愛滋病之後，顯然仍是一種不當的差別待遇。最終主管機關在這個案件中裁罰最低罰鍰金額，但仍高達30萬元，法院也駁回雇主撤銷裁罰的請求。

就業歧視解僱案例

以下透過兩個涉及歧視性解僱的案例來讓讀者了解主管機關與法院的思維，其中最重要的關鍵是「特定特質究竟對於勞動契約的履行是否產生實質上的妨礙？」，如果雇主能夠證明特定特質與工作能力、表現產生實質關聯，法院並非完全不允許雇主行使解僱權。

（1）刺青案

重要法院見解：

臺灣新北地方法院102年度簡字第93號判決

衡諸上開就業服務法第5條第1項之規定，旨在貫徹憲法第7條及第15條之規定，以保障人民之平等工作權，雖並未就構成「容貌歧視」規定其定義，惟「就業容貌歧視」係指當求職者在招聘過程或受僱者在僱用期間，由於本身容貌的因素而受到不公平或差別待

遇即是容貌歧視。「容貌」應是指個人臉型相貌美醜、端正、體格胖瘦、身材高矮與殘缺等外在條件（行政院勞工委員會100年3月18日勞職業字第0000000000號函參照）。此函釋規定，核乃中央主管機關勞工委員會為執行母法（即就業服務法第5條等）規定，之技術性、細節性事項所為之補充性規定，與立法意旨相符，且未逾越母法之限度，難謂增加就業服務法第5條第1項規定所無之限制，行政機關予以適用，自無違誤。故身體上之刺青自屬就業服務法第5條第1項規定之容貌範圍，僱傭人對於受僱者於受僱用期間，如因受僱者身體上之刺青而受有不公平或差別待遇，核屬就業容貌歧視至明。

（略）

準此以觀，原告公司之副理董○○對申訴人表示原告公司老闆……今有看到你刺青，你就做到這個月底（5月31日）之事實乙節，應可認定。足見，申訴人確因身上有大片刺青，因而遭原告終止契約之事實，應可認定。

　　這個案例的案情非常簡單，勞工擔任司機，因為卸貨時感覺太熱而脫掉上衣露出了刺青，被主管看到後就遭到解僱。雖然雇主抗辯公司內有很多人有刺青，另外

也提出一些勞工工作能力不佳的情事，但因為主管機關就業歧視評議委員會的調查事證明確，因此雇主的辯解並不為法院所採納。

　　除了事證明確之外，或許也是因為刺青和工作能力真的難以產生關聯，因此雇主以此解僱勞工可說是毫無理由的濫用權利，因此被宣告違法，並不意外。

　　（2）視障案

重要法院見解：
臺灣臺南地方法院107年度重勞訴字第13號判決

原告於106年9月2日於裝罐封罐過程，無法準確密封骨罐，撿骨時撿了約15公分的耐火棉誤以為骨骸；經被告業務承辦交代為提高殯葬設施服務品質及對往生者之尊重，該所相關業務之火化作業流程，皆不得有任何失誤。請火化場同仁及班長多加督導。原告於106年9月5日撿骨無法分辨石灰與骨骸；經被告業務承辦交代原告視力狀況已無法勝任該所火化業務，為防止原告貽誤火化業務，請火化場同仁持續督察及紀錄該員工作狀況。原告於106年9月6日撿了大約20幾塊的石灰，已當面告之骨灰與骨骸的差別，請他日後多注意。又棺柩進場將業者名稱寫錯，導致找不到棺柩；經被告業務承辦交代原告火化工作

過程諸多失誤，顯示無法勝任，為防止工作出錯，請火化場同仁多加督導；被告業務承辦續於106年9月7日交代請班長及副班長賡續督察並紀錄原告的工作狀況。106年9月12日業者反映原告裝罐速度太慢，並且封罐無法確實密合，當下請原告拆掉重裝；經被告業務承辦交代原告之視力無法手眼協調，導致影響裝罐速度及確實性。被告火化場新進人員報到後原則上15天後需轉換至爐區學習操作爐具，106年9月16日評量原告前置作業（進出爐床、棺柩、裝罐）尚無法熟練及進入狀況，所以暫緩進爐區學習；經被告業務承辦交代依據被告南區火化場現場作業規則辦理，新進人員15日前場工作熟悉後，方可進操作學習相關火化作業。106年9月22日於裝罐作業時，接連2位先人骨骸中都有發現2-10公分的石灰，以往火化場從未發生此現象；經被告業務承辦交代請班長加強督導火化場同仁裝罐作業臻於落實，俾往生者走得安詳。

與上個案例不同，本案中勞工是敗訴的。

本案中勞工是視障人士，遭雇主以工作能力不能勝任為由解僱，勞工主張解僱的行為是身心障礙歧視，卻被就業歧視評議委員會和法院接連駁回。

在這個個案中，勞工應聘擔任火葬場的撿骨人員，而在執行火葬場業務時因為視力不佳，導致有將石灰錯當為骨灰、封罐無法密合等諸多缺失，**因此工作能力確實與其視障問題有所關連。**而雇主能證明已經給予勞工合理改善機會、並多方考量適合職缺後，最終決定予以解僱，法院也肯定雇主已經善盡解僱最後手段性且無不當動機，因此解僱合法。

筆者個人認為這個案子中雇主能夠勝訴的關鍵，是**透過詳細記載的工作日誌證明了勞工確實有工作表現嚴重不佳的狀況，且表現不佳確實是因為視障因素使然，**因此做出的解僱決定並沒有參雜歧視或其他不當動機，在日常管理上的細緻程度決定了訴訟的勝敗，非常值得我們參考。

解僱是否為就業歧視，應由雇主舉反證

如果勞工被解僱之後主張雇主就業歧視，依照法律的規定應該是由雇主來證明解僱並非基於就業歧視，這部分請參照性別工作平等法第31條的規定。

性別工作平等法第31條：「受僱者或求職者於釋明差別待遇之事實後，雇主應就差別待遇之非性別、性傾向因素，或該受僱者或求職者所從事工作之特定性別因素，負舉證責任。」依據這個規定，勞工只要證明雇主有差別待遇，接著就由雇主來「反證」並非性別歧視，

如果不能舉證或是舉證不充分，就會被認定性別歧視。

　　也因為雇主必須要證明自己並非基於歧視而解僱勞工，重點當然就是「證據」了，到底有沒有符合解僱事由？有沒有依照公司的程序？或者是雖然看起來有就業歧視的嫌疑，但有合理事由等等，都是資方必須加以舉證的。

　　也因此人資必須要更加慎重地把關解僱程序，並且在每個階段都留下各項關鍵證據，才能符合法律上的要求，而且這些程序其實都是讓人資有機會檢視個案，在產生爭議之前就徹底避免違法解僱。

資遣對象的優先順位

　　如果雇主是因為虧損、業務緊縮等等因為經營方面的因素要進行資遣時，對象通常不會只有一個勞工，此時資遣對象的選擇是一件非常重要的事情，否則不小心就會涉及就業歧視。

　　依據陳金泉律師的見解[37]，裁員時挑選對象應優先留用身心障礙、少數族群（原住民族）勞工，此為依法保障弱勢族群；而依就業服務法之規定，本國勞工亦應優先於外籍勞工，以保障本國籍勞工的工作權。

37.請參閱陳金泉律師著作「勞動法一百問」（修訂三版），三民書局出版，第130頁以下。

　　再來，雇主應優先保障資深勞工、年紀較大勞工的工作權，尤其在「中高齡者及高齡者就業促進法」通過後，更應注意高齡與中高齡就業保障的問題。最後，雇主才應該考量工作能力、績效與配合度等問題做為資遣對象的依據，如此一來，應該就能夠大幅降低涉及就業歧視的可能性。

7. 基於勞工參與工會而解僱

　　「雇主因為勞工是工會成員而予以解僱」其實就是以勞工「是否為工會成員」而進行差別待遇，實際上就是一種就業歧視，也是一種打壓工會的行為。

　　在民國100年之前，如果工會成員遇到這種問題，除了透過法院訴訟之外，大概就只能透過向就業歧視評議委員會進行申訴來保護自己的權利；而在民國100年之後，這種雇主打壓工會與工會成員的問題，我們稱之為「不當勞動行為」（unfair labor practice），在工會法和勞資爭議處理法裡有了較為完整的保護與處理流程，如果工會成員遭遇到這種被打壓甚至被解僱的事情，可以依據勞資爭議處理法向勞動部提起「不當勞動行為裁決」來保障自己的權利。

　　工會法第35條規定：「（第一項）雇主或代表雇主行使管理權之人，不得有下列行為：一、對於勞工組織工會、加入工會、參加工會活動或擔任工會職務，而拒絕僱用、**解僱**、降調、減薪或為其他不利之待遇。二、對於勞工或求職者以不加入工會或擔任工會職務為僱用條件。三、對於勞工提出團體協商之要求或參與團體協商相關事務，而拒絕僱用、**解僱**、降調、減薪或為其他不利之待遇。四、對於勞工參與或支持爭議行為，而**解僱**、降調、減薪或為其他不利之待遇。五、不當影響、妨礙或限制工會之成立、組織或活動。（第二項）雇主

或代表雇主行使管理權之人，為前項規定所為之解僱、降調或減薪者，無效。」

總之，雇主如果因為勞工籌組、加入工會，或是參與、支持工會活動等等而對勞工有不利待遇，就會違反工會法第35條的禁令，除了會被勞動部加以裁罰之外，解僱也會因此無效。

由於不當勞動行為的判斷非常複雜，不是一個小小章節就能處理的，筆者只能在此提醒，如果涉及了與工會相關的法律問題時，請務必聘請專業律師協助審慎評估。

本章重點整理

★ 懲戒解僱的「除斥期間限制」

✓知悉之日是以調查完成、確實知悉之時開始起算。

✓如果遭遇某些一定期間內禁止解僱的限制，則停止計算30日，等到限制解除之後再繼續計算30日。

★ 分娩前後停止工作期間與職業災害醫療期間不得解僱

✓勞基法13條規定的期間，無論任何理由絕對禁止解僱勞工。雇主須等到過完此段期間之後才能發動解僱權。

✓本條並非禁止解僱懷孕婦女，但雇主需要充分舉證才能避免涉嫌就業歧視。

★ 勞資爭議調解、仲裁、裁決期間禁止解僱

✓限於同一勞資爭議才有適用

✓從申請調解、仲裁、裁決即開始起算

★ 大量解僱協商期間禁止解僱

✓大量解僱公告後在勞資雙方協商期間原則上不得解僱勞工。

★ 申訴、檢舉報復禁止

✓不得因為勞工提出各種申訴或檢舉而對勞工進行報復。

★ 歧視性解僱禁止

✓不得基於就業歧視解僱勞工

✓就業歧視包含「直接歧視」與「間接歧視」

✓注意不在就業服務法上的「疾病歧視」

✓涉及多人的資遣時，設定資遣對象務必謹慎，避免涉及就業歧視。

★ 基於勞工參與工會而解僱

✓工會成員受到工會法第35條不當勞動行為保護，發動解僱權務必謹慎並諮詢專業律師。

第九章

關於解僱的其他法律問題

　　在介紹完解僱合法性的審查架構之後，其實還是有許許多多關於解僱的問題還沒介紹到，但多半屬於一些技術性、操作上的問題，筆者將在這個章節中加以處理。除此之外，本章也會探討大量解僱、試用期和合意終止勞動契約這幾個重要的法律議題。

1. 資遣相關技術性問題

　　如果雇主依據勞動基準法第11條解僱勞工，也就是俗稱的「資遣」，那麼將會連帶產生許多需要注意的法律問題，包含向勞工進行「預告」，向政府機關進行「通報」，「資遣費計算」等等，以下分別加以說明。

預告期間如何計算？

勞動基準法第16條規定：

「雇主依第十一條或第十三條但書規定終止勞動契約者，其預告期間依左列各款之規定：

一、繼續工作三個月以上一年未滿者，於十日前預告之。

二、繼續工作一年以上三年未滿者，於二十日前預告之。

三、繼續工作三年以上者，於三十日前預告之。

勞工於接到前項預告後，為另謀工作得於工作時間請假外出。其請假時數，每星期不得超過二日之工作時間，請假期間之工資照給。

雇主未依第一項規定期間預告而終止契約者，應給付預告期間之工資。」

267

　　雇主依據勞基法第11條資遣勞工的時候，必須要依照勞工的年資長短來提前向勞工預告。此時須注意，勞工的年資需計算到工作的最後一天，因此筆者會建議先訂一個最後工作日，並以此為基礎算出總年資之後再回頭「倒推」何時要進行預告，而非從預告之日當天「正算」最後工作日。

　　那麼，具體來說應該要如何「倒推」預告日期呢？舉例來說，如果雇主決定「解僱的生效日」是在109年1月14日，也就是109年1月13日是「最後的工作日」，假設勞工的年資是8個月需要在十日前進行預告，那應該要在幾月幾號時向勞工預告呢？

　　我們以最後的工作日109年1月13日為基準回推10日是109年1月4日，但請注意，**因為民法第120條第2項規定「始日不算入」**，也就是預告勞工那天並不計入期間計算，所以從最後工作日回推10日時還要多加1天才會是正確的預告時間點，因此這個案例中雇主依法要提前在109年1月3日預告勞工109年1月13日是最後工作日，隔日1月14日就是解僱的生效日。

　　當然讀者也可以不用「倒推」而採取由預告日直接計算最後工作日的方式，但還是務必記得，向勞工預告的那一天是不計入預告期間的時間的，而是隔天才開始起算預告期。

預告期間之中勞工還是要遵守勞動契約和工作規則

在預告期間之中勞工還是受僱於該雇主，所以仍舊必須遵守與雇主之間的勞動契約和工作規則，並且依據雇主的指示從事工作，不會因為進入預告期間勞工就可以擺爛或是胡作非為。

因此，如果勞工在預告期間中違背了勞動契約或工作規則，雇主仍然可以予以懲戒，甚至依據勞基法第12條進行解僱，並不會有變更解僱事由的問題。相關說明可參考第四章5.的相關說明。

就業服務法的資遣通報

就業服務法第33條第1項規定了雇主資遣勞工時，需要向主管機關進行「資遣通報」的義務。法條規定：「雇主資遣員工時，**應於員工離職之十日前**，將被資遣員工之姓名、性別、年齡、住址、電話、擔任工作、資遣事由及需否就業輔導等事項，列冊通報當地主管機關及公立就業服務機構。但其資遣係因天災、事變或其他不可抗力之情事所致者，應自被資遣員工離職之日起三日內為之。」

須注意這條規定的通報義務與勞基法的預告期完全不同，「資遣通報」的對象是主管機關、預告則是向勞工。

　　「資遣通報」需要特別注意幾點，首先，**雇主資遣年資不滿三個月的勞工時不需要給予預告，但仍然要依據就業服務法進行資遣通報**，因此在試用期內解僱勞工時需要特別注意壓日期時要考量到是否可以合法進行「資遣通報」。

　　其次，通報義務的推算日期方式也與預告期不同。「資遣通報」回推的起算時間不是「最後工作日」，而是隔一天的「離職生效日」，由離職生效日起算回推十天，而且如果回推十天剛好遇到末日為星期日、國定假日或其他休息日，那麼以該日的隔日為通報義務日[38]。

　　我們同樣以前面「解僱的生效日」是在109年1月14日，也就是109年1月13日是「最後的工作日」當作例子，如下圖所示。下圖上半部是前述的預告期間計算，下半部則是資遣通報。

　　在進行資遣通報時是以「解僱的生效日」為基準往回推算十日，因此我們是從109年1月14日往前推算十日為109年1月5日，而當天剛好是週日，因此雇主應該在109年1月6日前向主管機關通報。

38.勞委會95年10月30日勞職業字第0950506599號：「核釋就業服務法第33條第1項規定，雇主資遣員工應列冊通報期間日數之計算，以員工離職生效日為始日，並包含星期例假日，末日為星期日、國定假日或其他休息日者，以該日之次日為期間之末日。」

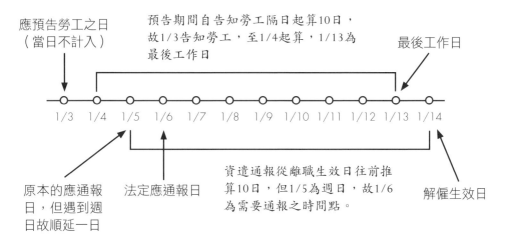

其實，不管是預告期間還是就服法的資遣通報，在計算日期時其實都有一定程度的複雜性，一個不小心就有可能違法被罰。筆者認為，我們面對重要的事情多半不會拖到最後一刻才去做，因此遇到要計算預告期間或資遣通報的日期時，與其在那邊擔心會不會少算一天，筆者會建議乾脆多提前個兩三天就完成預告和資遣通報，以防不慎觸法。

謀職假怎麼給？

勞動基準法第16條第2項規定，雇主向勞工預告資遣後，在預告期內必須要給予勞工一定時數的帶薪休假去進行求職，方便勞工能早日回到職場。

法條中的「每星期不得超過二日之工作時間」中的「每星期」，勞動部指出是「每七天」的意思，而當預告期間剩餘日數不足一星期者，因仍在另一個「七日」之內，故依法勞工仍有請假二日外出謀職之權利，惟如剩餘日數只剩一日，則勞工只能再請一日謀職假。

以前述109年1月3日預告109年1月13日最後工作日為例，第一個七日週期是109年1月4日至109年1月10日，這段週期中勞工可請兩日的謀職假；而第二個週期在是109年1月11日至109年1月13日，勞工本來也可以請兩日謀職假，但剛好只剩前兩天是週六週日，因此勞工剩下週一一日可以請謀職假。

另外，在每個七日的週期中勞工要選擇何日請假，原則上是勞工的權利，因此請務必要注意與勞工協調交接的問題。

預告期間工資怎麼計算？

預告期間本來就是讓勞工有個緩衝的機會，能在這期間中繼續有收入並且能請假求職，相對地雇主也可以做好交接。然而，如果沒有交接上的問題，也不希望因為與被解僱勞工進一步產生衝突的困擾，雇主也可以選擇依據勞動基準法第16條第3項以給付預告期間工資取代預告期，也就是直接付錢讓勞工走人。

　　預告期間工資就是**買斷剩餘預告日數**的意思，因此金額的計算就是看雇主要買斷幾天，本來要三十日的預告，提前買斷當然就是付三十日的工資。

資遣費如何計算？

　　當雇主依據勞基法第11條解僱勞工的時候，要依據第17條第1項規定的計算方式給予勞工資遣費。

　　勞基法第17條第1項規定：「雇主依前條終止勞動契約者，應依下列規定發給勞工資遣費：一、在同一雇主之事業單位繼續工作，每滿一年發給相當於一個月平均工資之資遣費。二、依前款計算之剩餘月數，或工作未滿一年者，以比例計給之。未滿一個月者以一個月計。」

　　舉例來說，如果有個勞工平均工資是30,000元，在公司工作1年3個月又2天，那麼1年的部分就直接換成一個月的平均工資資遣費。剩餘3個月又2天的部分則是先將尾數2日直接當成1個月，因此剩餘部分是4個月，接著再依比例就是給予4除以12，給予3分之1的平均工資，最後加總就是發給1又3分之1的平均工資作為資遣費，也就是40,000元。

　　不過上述的規定只能用在適用勞基法退休制度，也就是勞退舊制的勞工的資遣費計算。**如果勞工的退休制**

度是適用勞工退休金條例，也就是勞退新制時，那麼資遣費的計算則是依據勞工退休金條例第12條的規定給予勞基法退休金的半數，且最高上限給予六個月的平均工資。

勞工退休金條例第12條第1項規定：「勞工適用本條例之退休金制度者，**適用本條例後之工作年資**，於勞動契約依勞動基準法第十一條、第十三條但書、第十四條及第二十條或職業災害勞工保護法第二十三條、第二十四條規定終止時，其資遣費由雇主按其工作年資，**每滿一年發給二分之一個月之平均工資，未滿一年者，以比例計給；最高以發給六個月平均工資為限**，不適用勞動基準法第十七條之規定。」

因為勞工退休金條例是在94年7月1日施行的，如果是在94年7月1日以後才開始工作、就職的勞工，資遣費一律都是依據勞工退休金條例計算。但若是勞工在94年6月30日之前就開始在某公司繼續工作，則可以在新制實施之後在新舊制兩者擇一，若選用舊制，那麼就依據勞基法處理；若是選擇新制，那麼就會產生分段適用新舊制，那麼舊制的年資就依據勞基法計算，適用新制後的年資就依據勞工退休金條例計算。

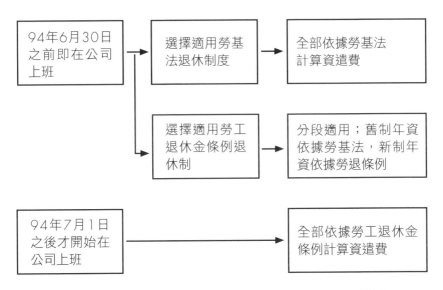

　　假設有個勞工在勞工退休金條例實施之前就進入A公司工作，在民國94年7月1日勞工退休金條例實施後選用勞退新制，舊制年資有1年3個月又2天，而在民國109年1月1日被資遣，平均工資30,000元。此時退資遣費的計算方面，舊制年資的資遣費就如同前述是40,000元，而新制年資則從94年7月1日算至109年1月1日，累計14.5年的年資，但新制資遣費有6個月之上限，因此就以6個月計算新制年資資遣費為180,000元，總計資遣費220,000元。

　　上述的計算老實說很麻煩，因此勞動部設計了一個試算的網頁（https://calc.mol.gov.tw/SeverancePay/）供勞資雙方運用，只要將勞工的平均工資、勞動契約起迄時間點、適用新舊制等資料填寫進去即可得知資遣費的金額。

2. 大量解僱勞工保護法的規定

大量解僱的定義

經營企業難免會遭遇到不景氣而需要調整人力的時候，此時如果符合大量解僱的定義時，雇主就有義務依據「大量解僱勞工保護法」的規定進行額外的法定程序。

依照「大量解僱勞工保護法」第2條的規定，如果企業依據**勞基法11條**，或是因為**併購、改組而資遣勞工**，且符合下列情形時，就是所謂的大量解僱，那麼就必須依法啟動大量解僱程序：

（1）同一事業單位之同一廠場僱用勞工人數未滿三十人者，於六十日內解僱勞工逾十人。

（2）同一事業單位之同一廠場僱用勞工人數在三十人以上未滿二百人者，於六十日內解僱勞工逾所僱用勞工人數三分之一或單日逾二十人。

（3）同一事業單位之同一廠場僱用勞工人數在二百人以上未滿五百人者，於六十日內解僱勞工逾所僱用勞工人數四分之一或單日逾五十人。

（4）同一事業單位之同一廠場僱用勞工人數在五百人以上者，於六十日內解僱勞工逾所僱用勞工人數五分之一或單日逾八十人。

（5）同一事業單位於六十日內解僱勞工逾二百人或單日逾一百人。

上述人數計算時，依法不需計入就業服務法第46條所訂的定期契約勞工，也就是外籍勞工原則不列入人數計算。

得要大量解僱勞工時，雇主該做甚麼？

「大量解僱勞工保護法」並不是禁止雇主進行大量解僱，而是為了降低大量解僱的衝擊所規定的程序性質規範，因此雇主解僱勞工人數符合大量解僱定義時，需要做的多半是一些程序性的義務，包括了「解僱計畫書的通知公告」以及「勞資協商」。

首先，雇主應該要依照「大量解僱勞工保護法」第4條的規定，在符合大量解僱定義之日起六十日前，製作「解僱計畫書」通知主管機關及相關單位或人員，並公告揭示。「解僱計畫書」內容包括：一、解僱理由。二、解僱部門。三、解僱日期。四、解僱人數。五、解僱對象之選定標準。六、資遣費計算方式及輔導轉業方案等。

接著，勞資雙方應該在提出「解僱計畫書」之日起十日內，依據「大量解僱勞工保護法」第5條至第7條的規定進行勞資協商，看看是否要調整解僱計畫書的內

容，或者是有沒有轉圜的餘地。

　　如果雇主沒有依照上述規定進行「解僱計畫書的通知公告」以及「勞資協商」，解僱雖然不會因此無效，但雇主將會遭到地方主管機關予以處罰。

　　若企業真的發生需要大量解僱勞工的狀況，人資未必有能力處理，此時還請務必尋求主管機關與專業律師的協助。

3. 試用期的法律問題

「試用期」解僱勞工是否要遵守勞基法？

　　雇主在招聘新進員工的時候，雙方多半會約定一定期間的「試用期」，也就是約定一段試驗性質的期間來做為是否正式訂定勞動契約的評估依據，如果嘗試過之後覺得不適合，勞資雙方都能夠在這段期間中隨時終止契約。

　　過往，對於到底可不可以約定「試用期」曾經有過爭議，但目前實務和法院全面承認勞資雙方可以約定「試用期」。畢竟勞資雙方在應徵、面試的階段也只是憑藉著印象或是書面資料，還不知道勞方是否真的可以適應工作，因此當然有約定「試用期」的必要性。

　　「試用期」真正的爭議問題是：「如果雇主要在試用期中解僱勞工，是否需要遵守勞動基準法的規定？」對此，勞動部的立場和法院的立場有點不一致。

　　勞動部認為「試用期」的勞工仍然受到勞動基準法的保護，因此雇主在解僱試用期的勞工時，仍須遵守勞動基準法的規定，因此需要具有勞動基準法第11條和的12條所規定的法定事由才可以解僱勞工，該給的資遣費或預告期也都必須遵守；但法院則採取相反的立場，認為「試用期」屬於雇主預先在這段期間「保留終止

權」，基於「試用期」的特殊性質，不需要受到勞基法
解僱事由的限制。

重要法院見解：
臺灣高等法院107年度勞上字第38號判決

按我國勞基法雖未就試用期間或試用契約設有規範，
然因事業單位僱用新進員工，僅對該員工之學經歷
為形式上審查，並未能真正瞭解該名員工是否適合
僱傭，事業單位有必要與新進員工約定試用期間，以
保障企業之利益。是以，約定有試用期間之勞動契
約，乃雇主藉由評價試用勞工之職務適格性及能力，
作為考量締結正式勞動契約與否之約定。試用期間之
目的，既在於試驗、審查勞工是否具備勝任工作之能
力，在試用期間屆滿後是否受雇主正式僱用，應視試
驗、審查之結果而定。**且試用期間因仍屬正式勞動契
約之前階試驗、審查階段，勞雇雙方當事人原則上均
應得隨時終止契約，無須具備勞基法所規定之法定終
止事由。**

　　目前法院的見解認為「試用期」本來就是要保留
雇主在這段期間中解僱勞工的彈性，因此在「試用期」
當中原則上是不受到解僱事由的限制，也不需要討論解

僱最後手段性原則。**也就是說，當前法院的見解認為在
「試用期」中解僱勞工不需要討論本書所提出的解僱合
法性檢驗的第一步驟與第二步驟。**

　　而針對資遣費的問題，雖然有部份的法院認為「試
用期」中資遣勞工不需要給予資遣費，但相對來說這部
份的見解比較沒有統一。況且即便要給予資遣費，金額
對雇主來說負擔也非常的輕微，故筆者建議資遣費應該
照給。

　　最後，針對試用期中資遣勞工是否需要進行預告的
問題，筆者認為原則上仍需預告。但業界中約定「試用
期」的長短多半都是三個月，如此一來，在三個月內資
遣勞工時，依照勞基法第16條規定本來就不需要提前預
告。**但請務必注意，即便不需要向勞工進行預告，還是
得要依法在十日前進行資遣通報。**

試用期解僱勞工仍舊不能有「權利濫用」的情形

　　雖然在試用期中解僱勞工不受到勞基法的解僱事由
的限制，原則上也不用討論解僱最後手段性原則，但並
不代表在試用期內解僱勞工完全可以任憑雇主愛怎麼作
就怎麼作。如果法院認定雇主在試用期中解僱勞工是一
種「權利濫用」的行為，仍然會被法院宣告解僱無效。

重要法院見解：
最高法院95年度台上字第2727號判決

按試用之目的，旨在評價受僱人之職務適格性及能力，作為試用期滿後僱用人是否繼續維持僱傭契約之考量。觀之系爭勞動契約第七條所載內容，被上訴人考核上訴人能否勝任，亦係以上訴人試用期間之表現為依據，則所謂上訴人不能勝任，是否包括試用期間因職業災害而在醫療中不能工作之情形在內，即非無疑。**況造成上訴人在醫療中不能工作之職業災害，原審亦認定因可歸責於被上訴人之事由而發生，則被上訴人以上訴人因此職業災害而在醫療中不能工作為由，終止系爭勞動契約，能否謂無權利濫用**之情事，亦有疑義。乃原審疏未審酌及此，遽以前揭理由，而謂系爭勞動契約已經被上訴人合法終止，自嫌速斷。

　　上述案例中雇主在勞工遭遇職災後的醫療期間解僱勞工，雇主主張是在試用期內解僱勞工所以不受到勞基法的限制，一、二審時法院接受這樣的觀點，故判決勞工主張解僱無效的部份敗訴。

　　但勞工上訴三審時，法院指出既然勞工發生職業災害是因為雇主未作好防護，而在勞工遭遇職業災害之後的醫療期間內，旋即以不通過試用來解僱勞工，應該認

定雇主的解僱行為是一種「權利濫用」，因此認為勞動契約終止並不合法，所以廢棄發回更審。

此時，讀者大概會想要問「甚麼是權利濫用？」

簡單來說，每個人本來都能夠行使自己的權利，但如果行使權利的主要目的是為了損害他人，或是行使自己的權利卻會造成公共利益的損害，那麼就會被認為是濫用權利。[39]

雇主在試用期中解僱勞工是否屬於「權利濫用」，主要就是從雇主是否有不當的動機來加以判斷。具體來說，在檢驗試用期中解僱勞工是否為權利濫用，**無非就是看解僱是否合法的第三階段「是否有禁止／限制解僱事由」！**

以上述最高法院95年度台上字第2727號判決的案例來說，在職業災害醫療期間解僱勞工本來就是法律所禁止，雇主為了逃避職災相關責任而在此時解僱勞工，縱然在試用期中，仍然會被認定是一種濫用權利的行為。

39.民法第148條第1項：「權利之行使，不得違反公共利益，或以損害他人為主要目的」；另外，原最高法院71年度台上字第737號判例則說：「又權利之行使，是否以損害他人為主要目的，應就權利人因權利行使所能取得之利益，與他人及國家社會因其權利行使所受之損失，比較衡量以定之。倘其權利之行使，自己所得利益極少而他人及國家社會所受之損失甚大者，非不得視為以損害他人為主要目的，此乃權利社會化之基本內涵所必然之解釋。」

又或者如臺灣臺南地方法院104年度勞訴字第24號判決中，勞工因懷孕而在試用期中遭到雇主以工作能力不能勝任為由終止契約，臺南市政府勞工局召開性別工作平等會確認構成懷孕歧視。雇主雖然主張勞工有未依規定請假等情形，但因為無法舉證，最終法院也認為解僱無效。

據此，縱然雇主在試用期中解僱勞工不受到勞基法的解僱事由限制、亦不需檢討解僱最後手段性原則，但仍舊不得出於不當動機而解僱勞工，例如解僱職災醫療期間的勞工，或是基於就業歧視、勞工提出申訴等等原因。如有違反，雇主終止契約的行為仍有高度可能被宣告無效。

試用期可以訂多長？可不可以延長

在試用期中，勞動關係因為可以隨意終止而處於不穩定的狀態，試用期越長對勞工就越加不利。但對於試用期到底可以訂得多長這件事，如果沒有逾越常理的話，法院一般會採取尊重勞資雙方約定的態度。

重要法院見解：
臺灣高等法院103年度勞上字第58號判決

按勞動契約之種類繁多，其內容彼此差異，就各種不同性質之勞動內容，其所需之勞動能力多屬不同，僱主需多久之試用期間始能考核確定所僱用勞工是否適任，尤難以一定之標準日數相繩。此一高度歧異化、個案化之情狀，本應委由當事人依其個別情形加以約定，**故勞動契約有關試用期間之約定，應屬勞雇間契約自由之範疇，若其約定符合一般情理，並未違反公序良俗、誠信原則或強制規定，其約定應生契約法上之效力，而得拘束當事人。**此觀勞基法施行細則原來有關試用期間不得超過40日之規定，嗣後已遭刪除，並不再就試用期間之長短為規定等情至明。

　　業界約定試用期多半為三個月，一般來說這個長度就應該足以判斷勞工是否適合這份工作。若雇主要約定更長的試用期，例如約定六個月或一年，那麼就必須要有特別的理由來說明為什麼要有那麼長的觀察期。

　　那麼，在試用期快要到期的時候，卻發現還不是很能夠確定勞工適不適合這個工作的需求，又或者勞工在試用期中剛好遇到一些狀況請了很多假，還不能充分地衡量工作能力時，雇主可否延長試用期呢？

　　原則上試用期是勞資雙方約定事項，而且屬於重要的內容，所以雇主不可以片面宣告延長試用期；但相對地，如果得到勞工的同意，延長試用期並無不可。許多企業會在勞動契約中本來就先約定好「勞工同意雇主在必要時得以書面通知勞工延長試用期」作為合法延長試用期的依據，這種作法讀者可以參考。

　　但延長試用期的長度方面，**建議不應該超過原本的試用期長度**，例如原先約定三個月，延長的話最多再加一至三個月，而且再延長也應該僅以一次為限，以免被認定是惡意延長試用期。

試用期解僱勞工的期限是什麼時候？

　　一般人多半會認為試用期屆滿的時候，雇主如果沒有表示意見，就代表勞工符合需求，勞工就會自動變成正式員工。但實務中，有時候因為用人主管拖延或是其他因素使然，導致拖到試用期滿之後過了好一陣子才通知勞工未通過試用期。對此，最高法院曾指出只要試用期屆滿後30日內通知勞工終止契約，都還是可以接受的範圍。

重要法院見解：
最高法院93年度台上字第74號判決

又試用期間之目的，既係僱用人用以評價受僱人之職務適合性及能力，作為是否於期滿後締結僱傭契約之考量，僱用人於試用期間屆滿後未立即考核，是否不得再為考核及終止契約，應以僱用人行使其考核及終止權之期間是否相當為斷。參以勞動基準法第十二條第四款有關違反勞動契約或工作規則，情節重大者，僱主得不經預告終止契約之規定，其終止權之行使，以僱主自知悉其情形之日起三十日內為行使期間。**本件被上訴人於上訴人試用期間屆滿，其終止權之行使類推適用上開規定之三十日內行使，即屬相當。**

　　雖然法院採取上述寬鬆的見解給予雇主運用上的方便，但筆者個人其實非常不建議等到試用期滿後，甚至還拖到快30日才告知勞工不通過試用期。因為這種作法必然會導致勞工的反彈而衍生後續的爭議，即便法院認為可以這麼做，但筆者認為完全沒有必要，也不應該拖那麼久。

　　筆者建議，如果勞工未通過試用期，雇主應該要在要在試用期期滿之內或是期滿後幾天內就通知勞工。如果時間快到了仍舊無法確定勞工是否勝任工作，還可以

透過延長試用期來處理，而不是拖到最後告知勞工未通過試用期。

要更加周延的話，其實可以在勞資雙方的試用期約定中寫清楚「雇主會在試用期滿後一定期間（例如三天內）以內以書面通知是否通過試用期」，這麼一來可以相當程度減少爭議的發生，公司內部也能夠有個依循的標準。

小結：試用期中勞工仍受勞動法令保障

試用期到頭來就是雇主保有較寬鬆的解僱權限，除此之外，勞工其餘的法定權利都與一般的勞工沒有任何的不同，雇主仍舊需要遵守各種法令的限制，不會因為在試用期中勞工的權利就能夠打折。

依照目前的實務運作，在試用期內要解僱勞工之的是一件相對容易的事情，但筆者還是要提醒，千萬不要因為這樣就濫用解僱的權限。尤其是很多用人主管會在試用期內以勞工「配合度不高」，或是「不合群」這種理由來讓勞工不通過試用期。雖然不會因此違法，但是一旦讓用人主管習慣用這種過於主觀的方式來管理員工，日後不免產生其他爭議。因此，縱然在試用期中，人資應該還是要協助用人主管以客觀方式衡量勞工是否適任工作，才不會讓用人主管過於恣意，導致日後人資工作越做越困難。

4. 合意終止勞動契約

　　總會有某些不得已的情形，人資必須要讓某位勞工離開公司，但是卻發現要解僱這個勞工並不合法。在沒有其它選擇的狀況下，這時大概就只剩下「合意終止勞動契約」一途，雇主可以透過提供勞工一個包裹方案來進行磋商，看看有沒有辦法在雙方都同意的狀況下結束勞雇關係。像一些企業提供優離優退方案給勞工，勞工如果接受方案或提出申請，在概念上就屬於「合意終止勞動契約」。

　　筆者需要提醒讀者，「合意終止勞動契約」是沒有辦法中的辦法，本書將這個議題放到最後就是希望讀者務必審慎思考與決策，萬不得已不要隨意動用。

「合意終止勞動契約」的意義

　　「合意終止勞動契約」是指勞資「雙方同意」終止勞動契約，概念上是以一個類似和解契約的合意來結束勞工和雇主兩者之間的勞動契約。

　　我們在第二章曾經說過，「解僱」是由雇主單方面向勞工表示終止勞動契約的行為。因為「解僱」是一種「形成權」，所以只要雇主向勞工表達終止契約的意思就會生效，並不需要勞工同意。

　　但「合意終止勞動契約」並不是雇主單方的法律行為，而是雙方當事人合意後的結果，因此它既不是雇主「解僱」勞工，也不是勞工「離職」，**也因此「合意終止勞動契約」完完全全不受到勞動法令的限制，也不需要檢驗本書所説的解僱合法性三步驟。**

「解僱」與「合意終止勞動契約」如何區分？

　　正常狀況下，勞資雙方以「合意終止」的方式結束勞動契約應該不會再產生爭議，畢竟這是以勞資雙方都同意為前提才會產生效力的法律行為。縱然勞方事後反悔，除非能證明當初是受到雇主「欺騙」或是「脅迫」才簽下同意書，否則不太可能推翻雙方的合意。

　　但是「合意終止勞動契約」多半是雇主先向勞工提出這個要求，外觀會與「解僱」十分類似，導致兩者容易混淆。勞工可能會向法院起訴主張雇主「解僱」違反法令而無效，但雇主抗辯當時並非「解僱」勞工而是與勞工「合意終止勞動契約」。

　　究竟要如何區分「解僱」與「合意終止勞動契約」？主要還是看勞工到底有沒有對於雇主提出終止勞動契約的意思達成「合意」，這時關鍵就是要如何證明雙方「有合意」。

重要法院見解：
最高法院95年度台上字第889號判決

惟按當事人互相表示意思一致者，無論其為明示或默示，契約即為成立，民法第一百五十三條第一項定有明文。經查法無明文禁止勞雇雙方以資遣之方式合意終止勞動契約，**雇主初雖基於其一方終止權之發動，片面表示終止勞動契約資遣勞方，但嗣後倘經雙方溝通、協調結果，達成共識，就該終止勞動契約之方式，意思表示趨於一致，即難謂非合意終止勞動契約**。本件上訴人陳稱，伊於九十二年九月二十九日依勞基法第十一條第四款規定之事由對被上訴人表示終止系爭勞動契約，曾與被上訴人合意以資遣之方式終止契約，被上訴人同意離職，除將識別證及職章交付陳○○外，且與其主管辦理交接事宜云云，並舉證人陳○○為證。而證人陳○○亦到庭證稱，被上訴人就資遣費部分，起初認為（計算？）不對不能簽，但表示要帶回去看，一定會簽，並將職章及識別證交付伊，而與其主管在地下二樓辦理交接等語（見一審卷第一三一頁及一三二頁）。準此以觀，上訴人抗辯兩造曾合意以資遣之方式終止勞動契約一節，似非全然無據。

我們曾經在第二章時強調「解僱」是形成權，不需要勞工同意，因此即便勞工領了簽署離職的相關文件或是領取資遣費，都不能認為勞工「同意被解僱」。那麼，上述這個判決又是怎麼回事呢？關鍵是勞資雙方有沒有針對終止勞動契約這件事情進行磋商。

該案中雇主本來用勞基法第11條第4款資遣勞工，在訴訟中改為勞基法第12條第1項第4款，一二審法院當然認定解僱違法。但雇主上訴三審時主張，雇主最初確實是提出要資遣勞工，**但對於資遣的方案曾與勞方進行討論**，那麼這時候是否可以認定為雙方對於終止勞動契約一事進行合意而屬於「合意終止勞動契約」，最高法院認為有審酌的餘地，因此廢棄發回更審。

更審時因為勞資雙方和解，所以我們無法知道法院最終對於本案是如何認定的，但無論如何，我們都可以透過最高法院的意見得知**協商程序的重要性**。如果雇主向勞工提出終止契約的想法之後，有經過「與勞工進行商議」這個過程，到最終勞工同意並簽名，就能夠主張這個是「合意終止勞動契約」而不是「解僱」。

但如果雙方未經過協商程序，勞工也根本對於契約終止的方案沒有談判的空間，縱使主張勞工在解僱通知書上面簽名，或是被資遣後收取資遣費，這都不能代表勞工同意與雇主「合意終止勞動契約」。因為在解僱通知書上面簽名最多只能認為勞工確認收到解僱的通知，

而收取資遣費本來就是勞工在遭到雇主資遣後的合法權利。

　　所以，勞資之間究竟有沒有對終止契約這件事情進行磋商，可說是區分「解僱」與「合意終止勞動契約」的重點。

　　下列個案就是一個好例子。

重要法院見解：
最高法院96年度台上字第2749號判決

又法無明文禁止勞雇雙方以資遣之方式合意終止勞動契約，而雇主初雖基於其一方終止權之發動，片面表示終止勞動契約資遣勞方，但嗣後倘經雙方溝通、協調結果，達成共識，就該終止勞動契約之方式，意思表示趨於一致時，雖可認為雙方合意終止勞動契約。**惟依民法第一百五十三條第一項規定，仍以雙方意思表示一致始可。本件被上訴人雖於上訴人之「員工資遣通知書」簽名（見一審卷第三一頁），惟於同日即以上訴人命伊離職為由，向台中市政府申訴，請求協調被上訴人回復其工作及薪資（見一審卷第二五之一頁），又未於上訴人限期內確答表示接受資遣，可見被上訴人並無任意與上訴人終止系爭勞動契約之意思，且該通知書係載「如對上述資訊記載有相關疑義**

時，請於收取本通知後七日內通知財務管理部處
理」，並直接將該金額匯入上訴人個人薪資帳戶，尚
不因被上訴人未於七日內向上訴人之財務管理部就該
通知所載薪資內容提出異議，或未拒絕支領其金額，
遽謂其已因意思實現而合意與上訴人終止系爭勞動契
約。

雇主在訴訟中主張勞工在解僱通知書上簽名且受
領資遣費，所以已經與勞工已經達成終止勞動契約的合
意。但法院認為勞工雖然簽名，但馬上向主管機關申
訴，可見勞工並沒有對於終止契約這件事情達成合意。

類似案件例如最高法院101年度台上字第366號判
決，該案中法院認為：「上訴人將資遣費匯入被上訴人
銀行帳戶，乃其自以為解僱合法而為給付，與兩造是否
合意終止勞動契約無關，不能以被上訴人於資遣通知書
簽名即認兩造已合意終止勞動契約。」

因此，重點仍應該放在雙方是否有協商的過程，
經過磋商之後勞工簽名同意才能叫做「合意終止勞動契
約」；如果從頭到尾都是雇主單方面提出終止契約，沒
有「協商－合意」的過程，原則上應該被認為是「解
僱」。

除非勞工能證明是受到「欺騙」或是「脅迫」，否則很難推翻「合意終止勞動契約」

因為「合意終止勞動契約」不受到勞動法所限制，所以勞工與雇主如果達成合意，之後幾乎沒有任何的翻盤空間。唯一的可能性便是主張「意思表示錯誤」，但這是一件非常非常困難的事情。

民法第92條規定：「因被**詐欺**或被**脅迫**而為意思表示者，表意人得撤銷其意思表示。但詐欺係由第三人所為者，以相對人明知其事實或可得而知者為限，始得撤銷之。被詐欺而為之意思表示，其撤銷不得以之對抗善意第三人。」

上述的規範用白話來說就是：「我所說的話非我的本意，而是因為被騙或被逼迫才會表達這個意思」，因此事後可以主張當初說的話並不算數，「撤回意思表示」當作沒發生過。

舉例來說，假設有個人被其他人用刀子架在脖子上而簽下本票，簽下本票、承擔債權並不是他真正的想法，而是被威脅的，因此這個人事後當然可以主張「簽本票不是我的本意」，而在事後撤銷簽本票的意思表示；同樣地，勞工若是被欺騙或是被脅迫才簽下終止勞動契約的同意書，那麼就可以撤回這個合意，當作沒發生過這件事情。

　　但勞工要依據民法第92條主張撤銷意思表示時是非常困難的，一來是「詐欺」和「脅迫」的概念非常嚴格，更重要的是舉證責任方面，必須由勞工自己證明是被「詐欺」和「脅迫」。

　　法條所稱的詐欺，依據最高法院18年上字第371號判例、21年上字第2012號判例、95年度台上字第2948號判決，是指「係謂欲相對人陷於錯誤，故意示以不實之事，令其因錯誤而為意思之表示；而所謂因被脅迫而為意思表示，係指因相對人或第三人以不法危害之言語或舉動加諸表意人，使其心生恐怖，致為意思表示而言。」

　　以法院過去的見解來說，例如勞工主張雇主當初是以「公司沒錢，如果願意簽同意書的話會去找錢發給員工」這種理由來和勞工合意終止勞動契約，法院認為完全不構成「詐欺」或「脅迫」（臺灣高等法院103年度勞上字第6號判決）；也有勞工認為主管在與勞工協商時拍桌，勞工主張受脅迫才簽署同意書，法院也不認為構成「脅迫」（最高法院96年度台上字第890號判決）。

　　從法院的角度，必須要是明顯的欺騙行為，或是明確的威嚇或使用暴力，否則很難被認定為「詐欺」或是「脅迫」，由此可見勞工要在事後推翻「合意終止勞動契約」是多麼困難的一件事。

　　更何況口說無憑，即便確實有「詐欺」或是「脅

迫」的事實，但絕大多數狀況下勞工根本無法拿出證明，也就不可能讓法院採納。

因此，如果勞工真的擔心被誤導而變成「合意終止勞動契約」，其實可以拒絕簽署公司的文件，因為如果雇主實際上是進行解僱，勞工不簽名也不會影響法律效果。

勞工如果沒有完全的「締約自由」仍可主張合意無效

法院對勞工主張簽署合意終止勞動契約的同意書是受到「詐欺」或是「脅迫」而想要撤回採取相當嚴格的態度，對於勞工來說確實較為不利，但這並不代表雇主可以為所欲為。

事實上，近年最高法院的見解已經開始轉向保護勞工的立場，認為雇主如果是藉優勢地位讓勞工在受到壓力的狀況下簽署合意終止勞動契約，則勞工可以主張雇主是為了規避勞基法的解僱規範，因此合意終止勞動契約為無效。

> **重要法院見解：**
> **最高法院103年度台上字第2700號判決**
>
> 按勞動基準法（下稱勞基法）第十二條第一項規定，勞工有該條項所列情形之一者，雇主得不經預告終止契約。故雇主非有該項各款之事由，不得任意不經預告終止契約，此為民法第七十一條所稱之禁止規定，如有違反，自不生終止之效力（效力規定）。
>
> **準此，雇主倘故意濫用其經濟上之優勢地位，藉「合意終止」之手段，使勞工未處於「締約完全自由」之情境，影響其決定及選擇之可能，而與勞工締結對勞工造成重大不利益之契約內容，導致勞工顯失公平，並損及誠信與正義者，即屬以間接之方法違反或以迂迴方式規避上開條項之禁止規定。**於此情形，勞工自得比照直接違反禁止規定，主張該合意終止契約為無效，以落實勞基法依據憲法第十五條、第一百五十二條及第一百五十三條規定而制定之本旨（勞基法第一條參照）。

　　這個案子中勞工在退休前與雇主簽下了「合意終止勞動契約」的同意書，勞工起訴主張合意無效，並向雇主請求給付退休金。

　　在一二審時，勞工指出雇主是以勞工違反工作規則

進行要脅，若不接受「合意終止勞動契約」，就會被雇主以勞基法第12條第1項第4款解僱，那麼就完全不能拿到退休金。

一二審法院認為勞工確實有某些違反工作規則的行為，並認定雇主的行為不能稱之為民法第92條的「脅迫」，故勞工不能反悔撤銷合意，判決勞工敗訴。

但上訴三審時，法院指出雇主若是藉威脅解僱這種方式讓勞工在受迫的狀況下簽署同意書，縱然不算是「脅迫」，還是能夠認定這是一種為了規避強行規範所做的脫法行為，勞工能主張合意違反強行法令禁止規定而無效，因此廢棄原判決發回更審。

這個案子中如果雇主真的發現勞工違反工作規則，其實大可直接依規定懲戒解僱，想要用「合意終止勞動契約」這種迂迴的方式處理，反倒得不償失。

總之，「合意終止勞動契約」絕對不是雇主軟硬兼施地讓勞工簽了名就會成立，若被認定有濫用權利之嫌，還是不免被法院宣告無效。

小結

筆者要再次強調絕對不能濫用「合意終止勞動契約」，尤其在近年法院見解朝向保護勞工的態度，一改過去「合意終止勞動契約」後幾乎無法翻盤的狀況，對

人資工作者來說更是一種警惕。

　　對於人資來說「合意終止勞動契約」真的是最後的一招。如果每次遭受用人單位壓力就立刻以「合意終止勞動契約」來處理勞工去留，長遠來看也未必是好事，只會讓自己越做越累而已，在一定程度之內人資應該還是要有所堅持，否則無法建立自己的專業價值。

本章重點整理

★ 資遣技術性問題

✓依據勞基法第11條解僱勞工須注意「預告」和「資遣通報」，兩者算法不同。

✓計算資遣費會因為勞工適用勞退舊制或是新制而有所不同。

★ 大量解僱相關問題

✓符合大量解僱定義時，須遵照規定向主管機關提出解僱計畫書，接著進行勞資協商。

★ 試用期相關問題

✓試用期解僱勞工不受勞基法解僱事由限制，但不得權利濫用，因此不能違反各種禁止／限制解僱事由。

✔ 試用期長度需合理，可以在雙方同意的狀況下延長，但建議以一次為限。

✔ 通知未通過試用期櫻在試用期滿三十日內，但建議要更早通知以防爭議。

★ 合意終止勞動契約

✔ 「合意終止勞動契約」不是「解僱」，而是雙方成立一個契約來終止勞動契約，因此不受勞動法令限制。

✔ 需要有協商過程，最終達成合意才能稱作「合意終止勞動契約」，如果勞工根本沒有協商的空間，那麼還是屬於「解僱」。

✔ 不能強迫勞工。勞工要有完全的締約自由，否則「合意終止勞動契約」仍有可能被宣告無效。

第十章

結語——專業人資，
不做違法解僱！

　　在這本書中，我們學到了「解僱」這件事的法律性質，也明白了「解僱」不是雇主說了算，要檢驗解僱是否合法需要依循「**是否符合法定解僱事由**」、「**是否符合解僱最後手段原則**」、「**有無法定禁止／限制解僱事由**」三大步驟。筆者將本書的主要內容和審查的重點整理成一個檢核表附在最後供讀者運用。筆者相信，只要能依循這幾個步驟來檢視，絕對能大幅降低違法的風險。

　　但知道法律的規定是一回事，守法則是另一回事，最終仍舊取決於心態。就像是大半夜開車時，四下無人也沒有拍照取締，身為駕駛是會乖乖地等交通號誌，還是會趁機闖紅燈？

　　同樣的道理，縱然知道合法的解僱該怎麼做，但遭遇到個案時，人資工作者能否堅持這些正確的作法，又或者是在上級壓力下兩手一攤，隨隨便便做出違法解僱呢？

　　到頭來，人資對於「解僱」這件事情的心態就是「盡可能不解僱」，不是口頭上說說而已，而是真的要有這種想法並付諸實行。當然，筆者不是鄉愿地要求讀者每個個案都採取反對解僱的立場，而是請讀者戒慎恐懼地面對自己作為一個人資工作者，握有勞工生殺大權權柄的這件事。

　　我想，如果在每個個案中，讀者都能夠不斷地問自己「真的有必要解僱這個勞工嗎？」只要有這種心態，那麼應該就能夠避免大多數違法解僱的情形。

附錄：解僱合法性檢核表

如遭遇解僱問題時，讀者可以下列檢核表協助進行評估。

「序號1：是否符合法定解僱事由」中應該至少符合一項，再依照「解僱事由」的類型於「序號2：是否符合解僱最後手段性原則？」進行檢驗。「序號3：是否有禁止／限制解僱的事由？」的七個項目應該要全數進行確認沒有違反法律規定。最終再通知勞工終止勞動契約。

序號		檢查重點	主要證據	備註	檢核確認
1		是否符合法定解僱事由？			
1.1 裁員解僱	歇業	是否確實為永久性停業？	歇業登記。	注意大量解僱問題。	
	轉讓(含企業併購)	企業是否有法人人格變動？	企業併購轉讓等交易文件。留用員工通知書。員工拒絕留用通知書。	注意勞基法20條和企業併購法規定。	
	虧損	是否有長期虧損(入不敷出)？虧損程度為何？是否達到需要解僱勞工？解僱勞工是否為虧損單位員工？	近三年財務報表。	注意大量解僱問題。	

序號		檢查 重點	主要 證據	備註	檢核 確認
1.1 裁員 解僱	業務緊縮	生產量與銷售量是否有明顯減縮？ 是否為長期現象？	近三年生產與銷售報表。	注意大量解僱問題。	
	不可抗力暫停工作在一個月以上	是否確實為天災等不可抗力事件？	不可抗力停工的證明文件。	如是企業本應承擔的經營風險，例如被政府停工、上游斷料等等並非不可抗力。	
	業務性質變更	是否能證明該項經營決策必然導致裁減員工？ 是否嘗試安置勞工？ 企業內是否仍在徵才？	企業內部評估、決策等相關文件。	本款在第二步驟解僱最後手段性的審查將最為嚴格。	
	工作能力不能勝任	包括客觀工作能力不足與主觀工作態度不佳都是適用本款事由。	客觀工作能力——工作表現證明。 主觀工作態度——行為紀律相關紀錄。	主觀態度不佳與第12條第1項第4款之區分為「是否情節重大？」	
1.2 懲戒 解僱	訂立勞動契約時為虛偽意思表示	勞工隱瞞或不實陳述之事項是否與工作能力有關？ 是否能證明雇主因此受有損害？	應徵資料表與相關文件。 企業招募任用規範。	須注意不得涉及就業歧視。	
	暴行或重大侮辱	是否確實符合暴行之定義？ 是否符合重大侮辱（以貶低人格為目的）之定義？	暴行或重大侮辱相關事證。	如勞工因公事產生爭執，須注意多半非屬重大侮辱。	

序號		檢查 重點	主要 證據	備註	檢核 確認
1.2 懲戒 解僱	有期徒刑以上刑之宣告確定，而未諭知緩刑或未准易科罰金者	是否為有期徒刑、無期徒刑、死刑三者？ 判決是否確定？ 有無宣告緩刑或易刑？	刑事法院判決。	不包括羈押等保全處分。 勞工縱使服刑，雇主仍需向勞工為解僱的通知才會生效。	
	違反勞動契約或工作規則，情節重大	是否為工作規則或勞動契約明定之事項？ 是否符合「情節重大」之定義？	勞動契約或工作規則。 勞工行為之相關事證。	是否情節重大是依客觀判斷；如不確定情節是否重大，應以懲戒手段取代，而非直接解僱。	
	故意損耗機器、工具、原料、產品，或其他雇主所有物品，或故意洩漏雇主技術上、營業上之祕密，致雇主受有損害者。	是否能證明勞工之行為是故意的？ 如是資訊或技術遭洩漏，是否符合營業祕密法上對「營業祕密」之定義？	勞工行為之相關事證。	須證明勞工行為是故意，舉證困難度較高。 營業祕密並非雇主片面認定即可，需符合營業秘密法之定義。	
	無正當理由繼續曠工三日，或一個月內曠工達六日者。	曠工是否為無正當理由？ 勞工有無完成請假手續？	出勤紀錄。 勞工行為之相關事證。	注意連續三日及一個月之計算問題。	
2			**是否符合解僱最後手段性原則？**		
	解僱事由為雇主經營方面的問題（勞基法第11條第1款至第4款）	雇主是否有調職、減少工時等等避免解僱勞工的可能性？	經營狀況之佐證。 公司職缺紀錄。 調職或減少工作時間的溝通紀錄。	如公司同時之間仍有職缺，應該讓勞工有嘗試調職的機會。	

序號		檢查 重點	主要 證據	備註	檢核 確認
	解僱事由為勞工客觀工作能力不足的問題（勞基法第11條第5款）	是否有給予績效改善之機會與協助？如果無法改善，是否有進行調職等避免解僱的措施？	績效之證據。績效溝通紀錄。績效改善執行紀錄。調職溝通紀錄。		
	解僱事由為勞工主觀工作態度不佳以及行為紀律方面的問題（勞基法第11條第5款及第12條第1項各款）	是否曾給予教育訓練、訓誡？是否曾對勞工的行為施予適當的懲戒？	工作規則。溝通紀錄或教育訓練紀錄。懲戒紀錄。	應以勞工的行為是否情節重大為區分，如果行為確實重大，雇主是否有給予懲戒則非重點；如果行為並非重大，則雇主仍應給予懲戒後沒有成效，才能進行解僱。	
3			**是否有禁止／限制解僱的事由？**		
3.1	懲戒解僱除斥期間30日的限制	知悉勞工行為之時間點為何？	企業內部溝通信件。	如果遇到禁止解僱的期間（例如勞工遭遇職災仍在醫療），則解僱除斥期間的計算暫停。	
3.2	職業災害醫療期間、分娩前後停止工作期間的限制		職業災害相關紀錄或報告。醫師開立的診斷證明。	此段期間絕對禁止解僱勞工。醫療期間包含休養，原則上一直到勞工能回復原本的工作為止。	
3.3	勞資爭議調解、仲裁、裁決期間禁止解僱	是否為同一勞資爭議？	勞資爭議調解、仲裁或裁決的申請書、開會通知等等。	起算時間點為當事人向管機關申請調解、仲裁或裁決之時起算	

序號		檢查 重點	主要 證據	備註	檢核 確認
3.4	大量解僱協商期間禁止解僱	雇主預告大量解僱後在協商期間不得解僱勞工			
3.5	申訴、檢舉報復禁止	解僱是否與勞工提出申訴、申請勞動檢查等等有關？		注意相關法規都有超高額罰鍰。	
3.6	歧視性解僱禁止	解僱是否有直接／間接與就業歧視因素有關？		注意就業歧視包含「間接歧視」；另外，特別注意沒有規定在就業服務法的「HIV歧視」、「精神疾病歧視」、「傳染病歧視」	
3.7	基於勞工參與工會而解僱	解僱是否是因為勞工籌組、加入工會，或是支持、參與工會的各種活動？			
4.	通知勞工				
	通知勞工	是否通知勞工終止勞動契約？	解僱通知書	解僱事由應該明確告知勞工，且不得事後變更	

國家圖書館出版品預行編目資料

專業人資，不做違法解僱／曾翔著. --初版.--臺
南市：台灣勞動智庫，2020.9
　　面；　公分
ISBN 978-986-99252-0-4（平裝）
1.勞動法規 2.人力資源管理
556.84　　　　　　　　　　109008911

台灣勞動智庫叢書（1）

專業人資，不做違法解僱

作　　者　曾翔
校　　對　曾翔
出　　版　台灣勞動智庫有限公司
　　　　　701台南市東區東門路3段253號5樓之1
　　　　　電話：0921-850227
設計編印　白象文化事業有限公司
　　　　　專案主編：陳逸儒　經紀人：徐錦淳
經銷代理　白象文化事業有限公司
　　　　　412台中市大里區科技路1號8樓之2（台中軟體園區）
　　　　　出版專線：（04）2496-5995　　傳真：（04）2496-9901
　　　　　401台中市東區和平街228巷44號（經銷部）
　　　　　購書專線：（04）2220-8589　　傳真：（04）2220-8505
印　　刷　基盛印刷工場
初版一刷　2020年9月
定　　價　380元

白象文化　印書小舖　PRESSSTORE 出版・經銷・宣傳・設計
www·ElephantWhite·com·tw　f 自費出版的領導者　購書 白象文化生活館